扶桑悠游錄

顏帥 著

自序

二〇一七年十月，距離前次返國七年後，再度調回東京服務，並開始嘗試經營臉書。平常找一些有趣的歷史、文學及鄉土故事，信筆塗鴉；假日外出旅遊時，則將旅途所見所聞忠實記錄下來。年齡漸長，記憶力隨之衰退。臉書是最好的檔案庫，一想到什麼隨手記下來，不容易忘掉，而閒閒沒事時，動動腦或動動筆，可以防止失智與老化。持續幾年下來，臉書上文章已累積到相當可觀的數量。

從幾年前起，一些老朋友、老同學就鼓勵我出書，惟因故一直延宕未決。今年在女兒的幫忙下，終於完成宿願。這是我生平第一本書，書名《扶桑悠游錄》。全書分四個單元，第一單元〈旅人手札〉是日本各地旅遊見聞，第二單元〈東京記憶〉是對東京街道風情的回憶，第三單元〈追劇客廳〉漫談一些日劇及日本歌謠的豆知識，第四單元〈酒話連篇〉則紀錄職場生涯的趣聞點滴；總字數約五萬多個字。

在日從事外交工作十幾年，對日本社會有廣泛的接觸與深入理解。《扶桑悠游錄》是從平日發表的臉書當中，選取精華的部分整理成冊。不同於坊間的旅遊書籍，這本書每篇文章都結合了歷史、文學、社會、風俗民情，乃至於個人對美食、銘酒的體驗，以淺顯的文字呈現出來，希望朋友們讀起來不致索然無趣。至於出書目的，並無商業用途，純粹給自己留下過往旅日生活的一些紀錄，順便分享給喜歡日本事物的朋友而已。結尾，謹以拙作的五言詩來表達新書出版的心情：

結廬北投裡，錦袍換布衣，
野鶴閒雲淡，悠然大屯山。
顏帥　寫於二〇二三年七月小暑

目次

第三篇　追劇客廳

第四篇　酒話連篇　133

第一篇
旅人手札

望鄉的季節

七月吉日。陪台北訪團去橫須賀參訪途中，特別繞道橫濱港的「港の見える丘公園」賞景。這是一座小山丘公園，從山頂可以俯瞰整個橫濱港及橫濱灣岸大橋。

公園內的「英吉利玫瑰園」，栽植各式玫瑰，爭奇鬥豔，周圍繡球花不干寂寞，處處亂竄強出頭。今天是涼爽天氣，橫濱港視線開闊，一覽無遺，令人神清氣爽。

繼續步行至噴水廣場、山手一一一番館拍照後，信步走出公園，先橫過谷戶坂，再往山手本通走幾步路，就是橫濱外人墓地。

一八五四年，美國東印度艦隊司令培里率領「黑船」二度來日叩關，艦隊停泊於橫濱。其中，密西西比艦上的水兵威廉斯，在執行勤務時，不幸由船桅墜落身亡。

經培里出面交涉，當時的德川幕府同意，將威廉斯葬於橫濱灣「增德院」境內。後來，陸續有外國人安葬於此。一八六一年，幕府正式指定此地爲外國人專用墓地，這就是現今「橫濱外人墓地」的由來。

根據記載，從十九世紀至二十世紀，大約有四十餘國、四千多名與橫濱港建設發展深度鏈結的外國人，埋骨於橫濱外人墓地。他們少小離家，在異鄉度過半生青春，最後在此落腳長眠，異鄉竟成了故鄉。

站在外人墓地的高台上，不遠的山腳下，就是浩瀚無際的太平洋。頓生感觸，想起西鄉隆盛的這首詩：

男兒立志出鄉關　學不成名死不還

埋骨何須桑梓地　人生無處不青山

再見雪國

利用連休假期，搭東北新幹線來岩手縣新花卷的大澤溫泉泡湯旅行。我們落腳的「菊水館」是百年溫泉宿，由於歷史悠久，房間稍嫌舊陋，但景色絕佳，屬頂級名湯。

這個時節，新花卷溫泉鄉已是白雪覆蓋的北國風貌。在享受鄉土料理，稍事休息後，隨卽前往露天風呂泡湯。四周微暗，但雪景依稀可見，白煙裊裊伴著潺潺溪水聲，眞乃天上人間，讓人忘憂洗塵。

第二天朝湯泡澡後，卽動身回到新花卷轉車至仙台，改搭仙山線，前往山形縣境內的山寺。爲的是要超越時空，追隨日本徘聖松尾芭蕉翁三百多年前「奧之細道」的腳步，來一趟心靈之旅。

山寺全名寶珠山立石寺，其最大特色是，依山而築的大小寺廟，氣勢磅礴、莊嚴而肅穆，還有順著山勢而上，超過一千級以上的石階。芭蕉奧之細道之旅，曾在此留下足跡（應該是夏天來的），並寫出流傳千古的徘句，卽是有名的「蟬塚碑」。

從山寺站下車，步行十幾分鐘，就到登山口。通過登山口進入眼簾的，就是被列爲國家指定重要文化財的「根本中堂」。接著進入山門，開始挑戰石階，由於積雪凝結易滑，以及寺方時間限制（午後四點下山），再加上毫無登山裝備，到半山腰的仁王門（六四〇階），就半途折返，只能期待下次有機會時再度挑戰。

回程天色已暗，華燈初上，搭仙山線鐵道返回仙台。列車在雪原中呼嘯疾走，氣笛不時發出嗚響。貼望窗外的銀色雪原，萌生淒涼、寂寥的情緒，尤其列車疾駛，穿過長長隧道，腦海時時浮現川端康成小說《雪國》中所描述的景象。

霧夜的燈塔

假日，繼續四處行腳探訪。這次選擇三浦半島的觀音崎燈塔。這是明治二年所建的日本第一座西洋式燈塔，白亞色八角型外觀，矗立於海角山坡上，眼下是東京灣熙攘往來的船隻，對岸淸楚可見千葉的房總半島。

風和日麗，氣溫宜人。輕快地登上坡頂，燈塔就出現在眼前。高聳的白色外牆與湛藍海水，形成鮮明對稱的明亮風光。最吸引我目光的是，燈塔旁揭示板上的一行詩句「汽笛吹けば霧笛答える別れかな」。

汽笛聲響，霧笛回應，就此告別吧！原來，這是第一任海上保安廳長官大久保武雄的詩作。詩句簡潔、意境深遠。

觀音崎燈塔有個背景故事。一九五七年十二月，松竹電影推出一部由高峰秀子及佐田啟二主演的《喜びも悲しみも幾歳月》（悲歡歲月）電影，十分賣座。電影取景全國的十一座燈塔，觀音崎燈塔是第一個入鏡的畫面。

《悲歡歲月》是一部由眞人眞事改編的電影。一對看守燈塔的夫妻，不畏惡劣天候環境，輾轉於偏遠海角各地燈塔服務。在長達廿五年燈塔歲月中，體驗一連串悲歡交織感人肺腑的故事。

聽海上保安廳的朋友說過，日本從北海道至沖繩，計有五千多座的燈塔。其中，觀音崎燈塔是「日本燈塔五〇選」之一。但由於科技進步，衛星導航早已取代人工作業，目前這五千座燈塔，全數升級為電腦作業，成了無人燈塔。

看著孤零零矗立在觀音崎角的這座燈塔，內心難免有一股淡淡的寂寞。早年一首老歌《泣くな霧笛よ灯台よ》（台語歌名：霧夜的燈塔），歌詞中，燈塔所傳達的悲歡離合情境，現在已經無法體會了。

上州老婆大人

年假大型連休中，參加「上州」採草莓、伊香保泡湯一日遊。上州是群馬縣古地名。在抵達上州時，一下巴士，陣陣乾冷的強風襲來，讓人直打冷顫。

導遊說，上州的「三Ka」名產：からっ風（乾冷強風）、かみなり（雷）、かかぁ天下（老婆最大）。前二者是受自然地形地象的影響，後者凸顯群馬女人的強悍性格。

上州乾冷強風、常打雷，環境惡劣，孕育出堅忍不拔的上州男人性格。而由於當地環境惡劣，生活不易，男人只能赴外地打拼，家中全交由女人掌握、打理。

かかぁ天下（嬶天下）一詞，意思是指女人的地位與威權，在家中全由老婆做主。相反詞是「亭主關白」，男人至上的大男人主義。

一說，因爲上州盛產蠶絲，女人從事養蠶、製絲及織物的高經濟價值工作，撐起一家生計來源，自然地位高，在家裡說話算數。久而久之，「かかぁ天下」就成了群馬女人的代名詞。

而說到「亭主關白」，一九七〇年代名歌手さだまさし曾創作一首饋炙人口的《関白宣言》。歌詞這樣寫著：

在妳嫁來之前，我必須先聲明。雖然聽起來有些刺耳，卻是我的眞心話。不能比我早睡，更不能比我晚起。好好的做飯，家裡隨時保持清潔……

試想，在昭和初期，女權普遍尙未高漲，或許，這首歌才能紅遍半邊天。如果在平成或令和年代，不找死才怪。

日本歷代首相，有四位出生於群馬，福田赳夫及福田康夫父子、中曾根康弘及小淵惠三。不知道這幾位首相是否也是「かかあ天下」家庭？

但是，他們能當上首相職，除了與生俱來的上州男人堅忍毅力以外，至少應該與「かかあ天下」有些關聯，正所謂「聽某嘴、大富貴」的硬道理吧！

晴天小和尚

前些時候，參加東北四大祭，導遊的手提行李箱上，繫了一個頭戴安全帽的てるてる坊主（晴天小和尚），覺得可愛，就拍了照下來。

在多雨的季節裡，日本人在旅遊或運動會的前一天，習慣會掛上てるてる坊主，祈求隔天是晴朗好天，以免影響活動行程。

てるてる坊主習俗，相傳來自於中國的「掃晴娘」。這是一種古代民間止雨的巫術活動，目的爲止斷陰雨，以利晒糧及出門遠行。

てるてる坊主的做法簡單，用一小塊布，裡面塞滿棉花，用橡皮筋綁成頭型，再畫上臉部，綁上吊線即可。當然頭部要輕，以免重心不穩而倒吊，成了反效果。

據說，吊てるてる坊主的方位，是有學問的。一般是吊在太陽曬得到的南側的窗戶或屋簷下，而且，必須在前一天吊，才會產生效果。

不管祈願是否成功，聽說てるてる坊主的處理方式，一般是灑上酒燒掉，或著放進小木盒封存。關於這點，還得繼續請教日本朋友。

另有一說，古時候某地連年下雨，穀物腐爛、村民困苦，藩主請來一位和尚止雨，但毫無效果。藩主一怒之下，將和尚砍頭，並用布包起來，吊在籬笆上，隔天雨就停了。

日本的《てるてる坊主》童謠，其中一段是這樣寫著：

てるてる坊主 てる坊主　あした天気にしておくれ　それでも曇って泣いてたら　そなたの首をチョンと切るぞ

簡譯如下：晴天小和尚啊、晴天小和尚，希望明天是晴朗好天。如果還是下雨，我就把你的頭摘了。

這首童謠或可印證上述傳說，但聽起來，晴天小和尚所負的責任還很大，「不成功、便成仁」，有點殘忍！

風林火山甲府行

疾きこと風の如く、徐かなること林の如く、侵掠すること火の如く、動かざること山の如し（疾如風、徐如林、侵掠如火、不動如山）。

令和二年元月吉日。從前日下榻的山梨石和溫泉「富士野屋」出發，搭JR中央本線來到風林火山之都「甲府」。甲府是甲斐國（現今的山梨）領主武田信虎命名的，意指甲斐國的首府。

武田信虎就是戰國初期，叱吒一時，被譽爲「軍神」武田信玄的父親。信虎開府，信玄立基，發揚光大。現今一提到甲府，大家只聯想到「甲斐之虎」的武田信玄。

武田信玄將自己的父親信虎放逐駿河，繼承家督。他除了創設「騎馬兵團」遠近馳名外，尤其與「越後之龍」上杉謙信一生恩怨情仇，雙方發生五次的「川中島」戰役，難分軒輊，留名青史。

信玄胸懷逐天下野望，幾經奔走，成功與北條、淺井、朝倉等大名結盟，並獲足利幕府的內應，完成「信長包圍網」。惟在信玄連破織田、德川聯軍，準備繼續揮兵進京時，不幸在征途中病亡，讓信玄逐鹿天下的野望破滅。

我們於中午前抵達甲府，先赴武田神社，再去甲府城。武田神社原是武田信虎所築的「躑躅ヶ崎館」，也是武田氏三代的居城。由於武田一家建設甲州的偉大功績，目前此地已成爲山梨信仰的中心。

甲府城別名舞鶴城。這是武田勝賴滅亡後，豐臣秀吉爲防堵德川家康勢力所築的城池。明治以後廢城，JR中央線開通後，舞鶴城被一分爲二，北面是甲府歷史公園，南面則是舞鶴城公園。

站在天守台上，遠望天邊的冠雪富士，內心有所感觸。信玄精於兵法、驍勇善戰，立足甲州、放眼天下，有如三國時代的諸葛亮。可惜，當時天下大勢趨於織田與豐臣，加上信玄本身逃不掉「出師未捷身先死」命運，以致功敗垂成。憾哉！憾哉！

烏城不可尋

後樂園仍在，
烏城不可尋願，
將丹頂鶴作，
對立梅林。
一九五五年冬　郭沫若

去過岡山後樂園的人，應該對這首詩不陌生吧？這是豎立在後樂園鶴舍旁，郭沫若所題的《遊岡山後樂園》紀念石碑。「烏城」是岡山城的代稱。

從岡山站搭地面電車，在「城下」站下車，順著路標，過了長長的「鶴見橋」，就是「後樂園」。這是戰國時代，池田藩所蓋的庭園「御後園」。明治新政府後，取北宋范仲淹《岳陽樓記》中的「後天下之樂而樂」詩句，改名爲「後樂園」。

岡山後樂園與金沢兼六園、水戶偕樂園，並稱日本三大名園。園內有開闊的草坪、池塘、假山、茶田、梅林，是體現和式風情的迴遊式大名庭園。尤其，園中飼養數隻丹頂鶴，庭園與一水之隔的烏城相互輝印，彷若一幅極緻的風景畫。

與後樂園隔鄰而處的岡山城，是戰國大名宇喜多秀家建造的平山城，因爲天守閣漆成黑色，世人稱之為「烏城」。基於軍事考量，宇喜多秀家特意將旭川的河道改道，使之流經城的東後側，形成天然屏障。（也因河道改道，以往水患頻生，經常殃及後樂園。）

岡山城在關原之戰後，因宇喜多秀家投靠西軍戰敗，被流放八丈島，改由小早川秀秋入主。秀秋後病故無嗣，再度易主為池田忠繼。時至二戰期間，岡山城一度遭美軍轟炸夷為平地，一九六六年才又重現目前的風貌。

回頭說說上述郭沫若的詩碑。郭早年留學日本，曾在岡山住過三年，抗戰爆發時返回中國。一九五五年，郭以中國科學院長身分來日，重遊後樂園（烏城尚未重建）。因當時園內已無丹頂鶴蹤影，於是向園方捐贈二隻丹頂鶴，並親筆寫下上述的五言詩，以為留念。

我看郭沫若《遊岡山後樂園》詩碑的五言句，覺得有些不解。一般來說，五言詩各行均為五字，但此處的詩文是五、六、五、四字。是故意編排或另有隱含意義，費人猜疑。

美麗與哀愁

被譽為日本國寶、日本第一個列名世界遺產的姬路城，在經過漫長五年的「平成大整修」後，二〇一五年再度開城。斷續在日本生活多年，一直找不到機會一睹風采，趁這次來西日本出差，終於如願登上姬路城。

姬路城又名「白鷺城」。從新幹線下來，站前大通的盡頭，矗立著白牆黑邊屋檐的美麗城池，就如同群鷺優雅的飛翔於黃昏天際，簡直夢幻到極點。我們下榻在站旁附近旅館，養足體力，準備隔日登城，好好體驗名城之旅。

第二天早餐後，從旅館步行至姬路城。在入口的櫻門橋，巧遇小船從護城河轉角迎面划來。藍天白雲下，宏偉的城堡、楊柳輕拂、水波盪漾，此情此景，美得實在筆墨難以形容。穿過城門後繼續前行，直攻天守閣。

姬路城的天守閣，是由大天守閣及三個小天守閣組成。主結構的大天守閣，地上六層樓，地下一層。正好碰到旅遊導覽，我們就亂入旁聽歷代姬路城主黑田官兵衛、池田輝政、本多忠刻的史實，尤其是千姬一生多乖的愛情故事。

千姬為德川家康孫女，七歲之齡奉命嫁給豐臣秀賴，完成德川、豐臣結盟的「政略聯姻」。德川滅了豐臣家，千姬回到江戶。其後，再被安排下嫁德川家臣姬路藩主本多忠刻，生兒育女，享受美滿幸福生活。

命運作弄，短暫數年後，忠刻英年辭世，千姬年僅三十，二度返回江戶，從此削髮爲尼長伴青燈。千姬六十九歲結束一生滄桑命運辭世，徒留當年以嫁妝所蓋姬路城「西之丸」御殿遺跡，供後世憑弔。

離開姬路城途中，突然別有體會。在戰國幕府時代，德川家一直將親信及重兵置於姬路城，用意應該是想藉以西阻中國及九州強藩、東控京畿地、北拒山陰、南防四國。實在佩服德川家康的戰略眼光，以及爲鞏固幕府命脈的深謀遠慮。

站在關原古戰場

三天二夜的琵琶湖環湖，於走訪近江高島、大津、近江八幡、長浜後，在美麗的彥根城畫下完美的句點。旅途最後一日上午揮別彥根，從米原搭JR東海道本線，列車行經三站，很快就抵達關原古戰場，這是戰國迷們夢寐以求必訪的聖地。

西元一六〇〇年，在關原盆地發生了日本歷史上著名的「關原合戰」。以德川家康爲首的東軍，及以石田三成爲首的西軍，雙方合計動員十幾萬兵馬，在此展開一場驚天地、泣鬼神的史詩級的關鍵性大會戰。

根據史實記載，在西軍主力部隊小早川秀秋陣前倒戈下，關原會戰僅鏖戰約六小時，西軍全面潰敗，德川家康獲得大勝，完成一統天下的野望，同時也開啟江戶幕府二六〇多年的基業。

關原古戰場位於現今岐阜縣不破郡關原町。從關原車站出來，田野遼闊、人煙稀少，周圍顯得有些寂靜。在車站對面「觀光交流館」租電動腳踏車時，結識從廣島來的遊客柴田先生，於是就結伴同行。

時間及路線限制，我們只選擇參訪石田三成、島津義弘、宇喜多秀家、小西行長、福島正則等人的陣地。七月冷夏，腳踏車馳騁於寬廣田野間，涼風迎面而來，身心特別暢快，也渾然忘卻四〇〇多年前，此地曾發生的血腥戰事。由於德川家康陣地距離偏遠，決定留待下次再來。

約莫午後一時許，回車站還車，並與柴田先生互留電話、互道珍重後分手。關原的下兩站大垣，是俳聖松尾巴蕉「奧之細道」旅程的終點。我跳上列車，繼續前往大垣的芭蕉遺跡拍照。

此次關原古戰場旅行感想：

其一、相逢何必曾相識。旅途中偶遇同好，結伴而行，不亦快哉。而外國人幫本地人解說歷史，不亦怪哉。

其二、關原合戰，東軍擊敗西軍，建立江戶幕府。時隔數百年，幕末戊辰戰爭，西軍薩長連盟擊潰東軍的德川幕府軍，幕府垮台，維新政府成立。歷史循環，西軍總算吐了數百年來的怨氣。

貓站長的二三事

福島三天自由行。我們以會津若松爲中心，第一天拉麵小鎮喜多方、會津若松城，夜宿芦之牧溫泉。第二天參訪福島版的合掌村「大內宿」。

在結束第一天兩個行程後，傍晚於會津若松搭「會津鐵道」前往芦之牧溫泉。芦之牧溫泉車站，是很個有意思的小站。二〇〇〇年六月，有人撿了一隻流浪貓送到車站，站務人員把牠取名爲「ばす（basu）」，並將牠打扮成「貓站長」。消息一出，響遍全國，各地遊客紛紛前來朝聖。

可惜「ばす」於二〇一四年病死，站方後續找來一隻「らぶ（love）」接替，爲第二代站長。二〇一七年，又找來らぶ（Love）的弟弟「ぴーち（pi-chi）」擔任設備長（不知設備長的工作內容爲何？但噱頭十足）。

我們是在下午四點半輾轉抵達芦之牧溫泉車站，遍尋不著傳說中的貓站長。問了站務人員才知道，牠們勤務時間：上午九點至下午四點（禮拜三、四公休）。至於「らぶ」與「ぴーち」二兄弟的薪水如何算？站務人員說是：貓食與其他的零嘴。

在車站稍事休息，旅館的接駁小巴已在廣場等候。車行片刻就到芦之牧溫泉「丸峰旅館」。芦之牧溫泉區開湯逾千年，隱身斷崖深谷秘境之間，信步於旅館的前庭，只見山嵐飄緲、潺潺溪水，恍若仙境，確如一般傳說的「夢幻的溫泉鄉」。今晚要好好享受福島名湯、會津鄉土料理及被譽爲「十四代」接班人的「飛露喜」吟釀美酒。c'est la vie！（法語：這才是人生）。

淚的拉麵

幾天前，電視「新日本風土記」以「淚的拉麵」爲題，介紹「源來軒」喜多方拉麵的小故事，頗受感動。去過福島多次，獨漏喜多方。於是利用週末，揹著簡單行囊，來去喜多方。

一位浙江籍中國青年潘欽星，隻身渡海，來到福島的喜多方做苦力闖天下。因身體無法負荷挖礦的重勞動，加上二戰爆發，潘欽星被懷疑是中國間諜，受盡周遭日本人的欺負，甚至經常被打的遍體鱗傷。

所幸，潘欽星咬緊牙關，將老家做麵方法，在喜多方擺攤做起拉麵生意。由於麵質Q、湯頭淡爽，而潘欽星又常不收窮苦人的麵錢，慢慢的就打出名號。幾年後，潘欽星開設第一家「源來軒」，這也成了喜多方拉麵的元祖店，目前已傳至第三代。

從喜多方車站出來，不到十分鐘路程，馬上找到「源來軒」，還好客人並不多。店家一天只準備二百食。我們點了招牌醬油拉麵及煎餃，拉麵內筍干片、叉燒肉、魚漿板、豆芽菜、蔥花，麵條Q彈、湯頭爽口，味道不錯。

午餐後，四處散步。喜多方位於會津盆地北部。自古以來，是福島通往山形及新潟的交通要衝，及物資集散地，被譽爲「倉庫之都」，大街上隨處可見黑白對比鮮明的倉庫屋敷，形成特殊亮眼的景觀。

喜多方地名頗爲特殊。原來江戶時代此地因位於會津藩城下町的會津若松北部，故名北方

（KITA-KATA）。明治時代行政區劃改制，鄰近五村合併，改名爲喜多方（KITAKATA同音），以示多喜之意。

順便一提，喜多方位居會津盆地北方，飯豐山脈帶來豐沛良質的伏流水，釀酒、味噌及醬油，遠近馳名。喜多方與札幌、博多，號稱日本的三大拉麵之都。

話說角館

八月初，參加「阪急旅行社」的東北夏天四大祭，對於東北四縣的夏天納涼祭典，留下深刻記憶。導遊在行程移動中，帶我們順道參訪周邊的各地名勝。其中，最值得推薦的是，秋田縣角館的武家屋敷。

角館位於秋田縣仙北市，當地武家屋敷的垂櫻及檜木內川堤的染井吉野櫻，是春天賞櫻勝地。我們這次雖然在夏天造訪，但充滿江戶風情、莊嚴靜謐的武家屋敷聚落，與蒼鬱成蔭、風姿綽約的垂櫻群樹，做了極爲調和的襯托，讓人心曠神怡，暑氣全消。

江戶時代大名佐竹家第二代當主佐竹義明，迎娶正室（公卿三條家旁系的西郊實浩的女兒）時，正室從京都帶來三株櫻樹苗，當做嫁妝栽種於此。據說，這就是角館枝垂櫻的由來。

提到佐竹家，立刻聯想到佐竹義宣，他是秋田藩（久保田藩）初代藩主。義宣原受封於常陸（茨城），有一說，關原之戰時，義宣因未服從德川家康命令，戰後遭轉封至出羽國秋田郡（秋田），俸祿也從五十四萬石減爲二十萬石。

秋田據說是日本三大美女的產地，有所謂「秋田美女」美稱。相傳佐竹義宣被減俸轉封時，因心懷不滿，一氣之下，將常陸的美女悉數帶往秋田，也因此茨城成爲日本三大醜女之地。

其實，茨城不乏標緻的美女，這種說法，顯然是無稽之談，不知道茨城人如何看待這個問題？

善光寺圓夢

日本有一句著名的諺語：「牛に引かれて善光寺参り」，中文的意思是：無心插柳柳成蔭。

這個典故是，住在長野的老太婆，生平沒有特別信仰。有一天，鄰居的牛偷跑，一不小心牛角將老太婆曬在屋外的布勾走。老太婆一路追布追到善光寺，突然感應到寺廟的氣場，從此開始禮拜善光寺。

令和初日，列島祝福。黃金週連休來長野旅行。五月一日，吃過早餐後，我們向旅館借了自行車，一路騎來善光寺。由參道步行到正殿，一路可以感受到寺院的莊嚴肅穆的氣場，眞不愧是聞名的千年古剎。

善光寺亦稱「信州善光寺」或「信濃善光寺」，供奉的阿彌陀如來、觀音菩薩以及大勢至菩薩，被稱爲「善光寺阿彌陀三尊」，是日本指定的重要文化財，也是長野市最具代表性的景點。

日本自古流傳一句話，儘管路途有多遙遠，一輩子總要去參拜一次的有二個寺院，一個是伊勢神宮，另一個就是此地善光寺。

我沒有特殊信仰，但幸運的，十幾年前曾去過三重的伊勢神宮，這次能來長野的善光寺禮拜，算是圓了一般日本人也不容易圓的夢。

府城故事

從靜岡車站出來，站前左邊廣場相隔不到五十公尺，可看見一前一後大小二尊雕像。小雕像刻字「竹千代君」，大雕像刻字「德川家康」。竹千代就是後來的德川家康。

德川家康本姓松平，幼名竹千代。出生於三河（愛知縣）的岡崎，父親為岡崎城主。家康幼年被送來今川義元的駿河國充當人質，在駿府城度過漫長的歲月。

今川義元敗亡，織田信長亦在「本能寺」為明智光秀所弒，家康趁機崛起駿河，成為大名。繼織田取得天下的豐臣秀吉，擔心德川勢力，將家康轉封關東。駿河也成了豐臣秀吉防堵德川軍的屏障。家康轉往關東發展，在關原之戰後，消滅豐臣，建立江戶幕府，駿河重新回到家康手上。家康對駿河有深厚感情，後來將政權交給其子秀忠，以大御所（院政）的身分回駿河隱居。

雖說隱居，實則家康仍一手主宰幕府政事，並加強駿府城下町的各項建設，一時之間，駿府城地位更勝於江戶。駿府城屬於平（地）城，為了軍事防衛，特別設計「回」字型護城河，也是此城的一大特色。

昭和年間，此地改建為駿府城公園，仍保留部分城池及天守閣。家康嗜好獵鷹，公園內矗立著一尊家康左手停著老鷹的雕像。旁邊圍籬內，還有家康手植的幾棵小柑橘樹，結實纍纍。

在參訪駿府城公園及淺間神社後，回到站前的吳服通、御幸通，發現處處有家康及德川家的遺跡。尤其，吳服通兩旁設置「東海道五十三次」石柱看板，見證古城的盛衰榮枯與時代的物換星移。

少年白虎隊

仲秋時節，神清氣爽，來去會津若松的東山溫泉泡湯。搭新幹線在郡山轉磐越西線，途經豬苗代湖，約莫一個鐘頭，就到會津若松，頗感浪漫的地名。

一提到會津若松，讓人聯想到鶴城及飯盛山。這兩地在幕末時期，發生了一段歷史悲劇，也是江戶幕府與維新政府雙方最後一次的大規模內戰（戊辰戰爭）的舞台。

一八六八年，薩、長聯軍在戊辰戰爭中，從京都的伏見一路揮軍北上，勢如破竹。東北的仙台、米澤及會津組成「奧羽列藩同盟軍」誓死抵抗。戰事沒多久，列藩同盟潰降，僅餘會津藩據守鶴城，準備殊死戰。

會津藩組成朱雀、青龍、玄武及白虎四支部隊。其中，白虎隊爲十五歲少年，總數三百餘人。由於維新政府軍攻勢猛烈，其中參戰的白虎隊二十人潰散，逃至飯盛山，眼見鶴城濃煙竄燒，以爲城池已破，乃集體切腹自殺。

會津戰役後，新政府對會津藩下達《埋葬禁止令》，飯盛山的山主飯盛正信，偷偷的將白虎隊少年屍首埋葬，後被新政府知道，處以吊死的極刑。直到明治十七年，官方才重新整墓，並爲十九名（一名獲救）的白虎隊少年武士，舉行慰靈祭。

會津若松城有如展翅之鶴，又稱鶴城，飯盛山則距會津若松車站步行約三十分鐘，站在飯盛山頂可以俯瞰整座會津城。兩地是目前會津代表性景點，但背後卻隱藏著這段悲淒的歷史悲劇。

聽說當年薩長政府軍發布的《埋葬禁止令》，導致會津人至今仍十分痛恨薩長二番族人。此外，白虎隊少年的集體切腹自裁，雖是一種崇高的忠誠表現，但從西方角度來看，也是一種野蠻、殘虐的行爲，也許這就是東西方道德價値觀的不同吧！

氣仙沼思想起

記得二〇一〇年初，利用新年假期，赴東北做四天三夜的一個人的旅行。從東京搭新幹線至一之關，轉大船渡線及三陸鐵道線，一路經氣仙沼、釜石、宮古及久慈北上，然後再繞青森、盛岡，最後由盛岡搭新幹線返回東京。

四天旅行中，印象最深刻的是氣仙沼（Kesennuma）。除了地名特殊，其實四十多年前，家裡買第一台錄影機，看的第一部錄影帶，就是以氣仙沼爲舞台的純情青春劇《思えば遠くへ来たもんだ》。

男主角古谷一行遠從外地來東北的氣仙沼一地，擔任高中老師。他暗戀上女主角（學生的姐姐），卻不敢表白，女主角則苦等不到回應，只好他嫁。劇情最後，古谷失望之餘，扛著行李準備搭車返鄉時，女主角的結婚隊伍，正好經過，而列車也緩緩駛離，那一幕讓人隱隱心痛。

《思えば遠くへ来たもんだ》，其實是一九八七年「海援隊」樂團（主唱：武田鉄也）所唱紅的一首歌。歌曲也陸續拍成電影、電視，由古谷一行及武田鉄也分別擔任不同版本的男主角。我當年看的是古谷一行的版本。

回頭說，當時在氣仙沼漁港附近享受了一頓美味的海鮮丼飯。飯後徒步回車站途中迷路。幸好碰到一位開車的中年婦女，熱心送我回車站，爲這一趟旅途，增添了美好的回憶。

二〇一〇年調回台北，隔年發生三一一東日本大震災。從報導得知，氣仙沼一地慘遭大海嘯席捲，災情嚴重，滿目瘡痍。突然想起來，當年在氣仙沼熱心載我一程的中年婦女，不知伊人何在？生死未卜？後悔當年匆忙，未曾留下聯絡電話。

水戶黃門

岡山後樂園、金澤兼六園及水戶偕樂園，被譽爲日本三大名園。三大名園分別以兼六園的雪、後樂園的月、偕樂園的花爲代表，當中最具故事性的，就屬水戶的偕樂園。

偕樂園是江戶幕府水戶藩第九代藩主德川齊昭所闢建。齊昭以孟子的「以民偕樂爲樂」命名，庭園開放市井小民同享，沿襲至今。

庭園內遍植三千株以上的梅樹，每年二、三月寒梅綻開，園方援例舉辦梅花祭，遊客蜂湧而來賞梅。園方會安排獲選當年度的梅花小姐及扮成《水戶黃門》的臨時演員，與遊客拍照合影留念。

提到水戶黃門，通常指水戶藩第二代藩主德川光圀。德川家康創建幕府後，分封領地給九子（尾張藩）、十子（紀伊藩）及十一子（水戶藩），並立下家規，倘大將軍嫡系無子嗣時，須由三藩中，選任繼位大將軍，故此三藩稱爲「御三家」。

德川光圀主持藩政時，聘請明朝大學者朱舜水協助治理藩政，以儒家禮儀，制定藩規、普及教育、振興農業。因政績顯著、經濟繁榮、社會安定，頗受幕府幾任大將軍賞識與器重。

光圀六十三歲退位，被封爲「權中納言」（榮譽宰相），又稱黃門侍郎，世人因此稱之爲「水戶黃門」。光圀經常帶著二名侍衛微服出遊，探訪民情，鋤奸濟弱，備受崇敬，「水戶黃門」名號不逕而走。

水戶是茨城縣府所在，以「水戶黃門」及納豆、梅干聞名。從東京搭電車約一小時可到水戶，下了車站可以看到站前廣場，豎著「水戶黃門」的雕像，象徵著光圀不分晝夜、無論晴雨，守護著水戶百姓。

再訪越後湯澤

清早。上越新幹線從高崎的月台慢慢滑出後，就一路飛奔急駛，約莫半個鐘頭，在穿過長長的新清水隧道後，眼前就是越後湯澤了。

距離上次越後湯澤的冬季泡湯之旅，竟然已是三十年前的事，記憶顯得模糊，甚至有種陌生的感覺。今天來越後湯澤目的不在泡湯，而是來找「雪國館」，重新認識一下大文豪川端康成。

下了新幹線，順著車站右前方的商店街走一小段路，就找到「歷史民俗資料館」（雪國館）。是棟灰白色水泥牆的三層樓建築，內部陳列著川端康成小說《雪國》及雪國生活、歷史資料等。

一踏入陳列室，正面牆上一幅偌大的清水隧道雪景照，上面印著川端康成親筆的《雪國》書中第一段文字「国境の長いトンネルを抜けると雪国であった。夜の底が白くなった。」，最是引人注目。

川端康成是以《雪國》、《千羽鶴》等小說，榮獲諾貝爾文學獎，其中《雪國》是最傑出的作品。《雪國》描寫主人翁島村與駒子、葉子三人之間的情愛糾葛，但完全超脫官能肉慾，昇華至心靈莊嚴的情愛層面，表現出「日本化」的淒美與孤寂情調。

離開「雪國館」，漫步至附近「主水公園」的「雪國の碑」拍照後返回車站。也許季節不對，這次造訪越後湯澤，總無法抓到「穿過縣境長長的隧道，眼前就是雪國了」那種川端式文學的美感。決定：等今年冬天，再來一次。

下田行腳

難得女兒年假來日，事前安排赴伊豆下田及堂島渡假。早上從品川搭踊子號，搖晃了兩個半多鐘頭，於中午抵達下田。正值金目鯛魚豐收季，一家在站前的「德造丸」，享受金目鯛定食美味。

午餐後，赴下田市街散步。在動盪的幕末維新時期，下田占有重要一席地位。一八五三－五四年，美國東印度艦隊司令培里率領「黑船」，陸續進入浦賀及下田，逼迫江戶幕府簽訂不平等條約，開放下田、函館二港通商。

下田的開港，標誌了日本史無前例的喪權辱國的一頁，同時也開展了日本現代化的歷史新頁。日本人在下田港口附近一帶，建立培里上陸碑、黑船博物館，以及培里之路。

究其原因，是以史爲鑒，提醒後人永遠記住當年日本被迫簽下不平等條約之恥辱呢？還是眞心感謝培里對日本邁向現代化的貢獻？令人難以理解。

離開培里之路後，回頭走訪車站附近的下田富士。這是標高一八〇公尺的三角錐形山丘，山上供奉著「淺間神社」。相傳，下田富士、駿河富士（富士山）、八丈島富士爲三姐妹。

二姐駿河富士高挑貌美，大姐下田富士矮小醜陋，於是拜託天城山當屛遮，不想面對駿河富士。小妹八丈島富士，每天在遙遠的海上，誠心的祈求二位姐姐能重修和好。從淺間神社鳥居前的看板，得知這則民間故事，頗爲有趣！

美哉堂島

堂島位於西伊豆，小島星羅棋布，灰白的亞里式海岸，湛藍海水，色調鮮明，被譽為伊豆的松島。我們下榻於銀水莊，抵達旅館才知道二十年前，平成天皇伉儷曾行幸宿泊於此，旅館正門左側豎有紀念碑。

堂島的落日，一直是遊客票選最佳美景。可惜連日細雨不歇，無福欣賞落日。聽櫃台說，這幾天海象不佳，遊覽船也停駛中。只好在旅館泡湯，品嚐伊豆的鄉土懷石料理。

隔日天晴。散步至瀨浜公園。瀨浜公園離岸的三四郎島，是由傳兵衛島（象島）、中之島、沖之瀨島、高島等四個小島組成。退潮時，會出現一條長二百公尺、寬三十公尺的礫石路，連接瀨浜公園，屬於世界少見的「陸連島」地形。

瀨浜的「陸連島」自然現象，與台灣澎湖島奎壁山赤嶼公園的「陸連島」雷同。二〇一五年十一月，當時的澎湖縣長陳光復來日，與西伊豆町的藤井武彥町長，雙方結緣簽定姐妹公園，成為台日地方交流史上的一個美談。

三四郎島名稱的由來，根據民俗記載，平安時代，源賴朝的年輕家臣三四郎，為逃避平家的追殺，藏身於中之島。三四郎後來與伊豆豪族瀨尾氏女兒阿雪相戀，阿雪常趁著退潮，走過「陸連島」礫石路，與三四郎在中之島相會。

後來，源賴朝在關東起兵，並號召各地的源家武士來歸，一起討伐平家。小雪為了迅速向三四郎通報起兵訊息，不顧「陸連島」尚未出現，強行涉海水而過，不幸中途被海浪捲走，從此二人天人永隔，留下一段悲戀的愛情故事。

堂島另一名勝，是離三四郎島不遠的「天窓洞」公園。在全長一四〇幾公尺的海蝕洞窟中，有一處洞窟中空如天窗一般。據說，晴天時，太陽由天窗灑下，天窓洞水面翡翠藍光搖曳，景色可以媲美義大利南部卡布里島的「藍色洞窟」。

天窓洞公園入口處，有一座與謝野鉄幹、晶子夫婦，對天窓洞美景讚詠的詩碑。公園中央部的天窓洞口附近，植有一株昭和天皇伉儷蒞訪的紀念植樹及紀念碑文。原來已故的昭和天皇曾來此一遊。我們何其有幸也來了，不虛此行！

松籟如奏曲

唐津的虹松原、敦賀的氣比松原、淸水的三保松原，是日本的三大松原。十幾年前的新年，曾一個人赴山陰旅行，途中特地繞道敦賀的氣比松原。

氣比松原在敦賀灣內，全長一．五公里，面積約四十公頃，一萬七千多棵二百年樹齡的紅松與黑松，甚是壯觀。日本的松原大多為黑松，只有気比松原八五％為紅松。

氣比松原有一段歷史故事。聖武天皇天正年間，有外國盜賊由西海入侵，適值當晚敦賀地震，海濱忽然冒出數千棵青松，樹上白鷺群集，狀似軍旗飛揚。賊船因驚恐失措翻覆，盜賊紛紛落海溺亡。

初冬天冷，但難得來此，就顧不了寒風，在沙灘上散步。只見蔚然海水、白沙灘與青翠松林，形成極有層次的絕佳構圖。走至沙灘一角，意外發現勝海舟的「駐輦之碑」。

曾經駐輦處，黎首憶甘棠，松籟如奏曲，海濤和洋洋。大意是：明治天皇曾在此佇足欣賞眼前美景，黎民百姓時時感懷天皇德政。海風吹拂，松籟如同奏鳴曲，海濤聲亦隨之唱和，如皇恩滔滔而不絕。

明治十一年十月，天皇曾巡幸北陸，移駕氣比松原，對眼前的這片白砂青松，大為讚歎。其後，勝海舟造訪氣比松原，回想明治天皇當年佇足於此，有感而發，而寫下這首緬懷詩句。

在松原停留欣賞片刻後，順道去附近的氣比神宮參拜。此時突然飄起細雪，只能匆匆拍照留念後，趕往敦賀車站，繼續朝島根的出雲大社前進。

美濃中山道記行

中山道（なかせんどう）是江戶五街道之一，又稱爲中仙道或木曾街道、木曾路。中山道六十九次指的是日本橋到群馬縣草津（草津至京都，與東海道合併），沿途的六十九個宿場。

中山道全域幾乎屬山區街道。其中最有名的宿場，就屬妻籠宿與馬籠宿。妻籠宿位於長野縣南木曾郡，馬籠宿位於岐阜縣中津川市，兩地相距約七．七公里，有巴士相通，亦可步行（約三至四小時）挑戰。

我們此次是以中津川市爲基點，先探訪馬籠宿、島崎藤村紀念館，然後步行赴妻籠宿。兩宿之間，沿途儘是高聳杉林、潺潺溪流，寧靜、脫俗，景緻極佳。惟山徑蜿蜒起伏，著實費力。走訪兩地，發現馬籠宿街道比妻籠宿保存的規模完整，難怪有人建議，由淺入深，先妻籠再馬籠。特別的是，山間可能有熊隻出沒，所以每隔一段路，都立有警戒鐘柱，一有狀況山客可隨時搖鐘，以保護人身安全。

在馬籠宿緬懷一下島崎藤村。藤村，本名島崎春樹，生於馬籠，是日本自然主義文學小說家。成名作品有：《若菜集》、《破戒》、《家》及《夜明け前》等。

其中，《夜明け前》小說分爲兩部，曾在「中央公論」連載。小說以其父島崎正樹爲藍本，敘述明治維新前後的歷史大作，受到世人極高的評價。小說開頭寫著「木曾路はすべて山の中である」是最常被引用的經典之句。

現在的「島崎藤村紀念館」原是馬籠宿的「本陣」（大名及官員的宿場）改建，以示對出生馬籠的島崎藤村的尊崇。而其實島崎曾與女學生發生不倫師生戀，甚至與姪女近親相姦，卻是鮮爲人知的陰暗面。

此外，一般對島崎藤村究竟是長野人或岐阜人，似有些混淆，主要馬籠舊時屬長野縣，後來併入岐阜縣之故。

松島啊！松島

松島位於宮城縣的松島灣，是由大小二六〇個島嶼所構成，與京都的天之橋立、廣島的宮島，並稱日本三景。江戶時代，俳聖松尾巴蕉的《奧之細道》之旅，在松島留下不少足跡。

這次的松島行程，除遊覽船海上巡禮外，還參訪五大堂、福浦島及瑞巖寺。五大堂，相傳是仙台藩主伊達政宗所建造者，本堂供奉五大明王，爲東北地區最古老的桃山建築，被列爲日本的重要文化財。

在離岸不遠的福浦島，建有一座二百公尺長朱紅色橋，三一一大地震時，橋墩嚴重受損，幸賴台灣日月潭觀光船同業的震災捐款，隔年六月重新修復。當地人爲感念台灣捐款資助，將福浦橋稱爲「日本台灣友情之橋」。

福浦島上，有一座小弁財天廟，旁邊的簡易賣店，販售內裝靈籤的紅色小達摩。不知從何時開始，遊客將抽完籤的紅色小達摩，擺滿了正殿的窗格上，把陳舊褪色的寺廟，點綴成特殊的景觀。

瑞巖寺則被指定爲國寶保存，目前的建築物是當年伊達政宗重建，也是伊達家的普提寺。二〇〇七年，李登輝伉儷曾訪問松島，兩人各寫下俳句「松島や 光と影の 眩しかり」及「松島や ロマン囁く 夏の海」。

李前總統伉儷所書寫的俳句，由日本「李登輝之友會」立碑於瑞巖寺境內，就在俳聖松尾芭蕉詩碑的旁邊。這實在是一項莫大殊榮，也再次印證李登輝前總統在日本人心目中的崇高地位。

據說，當年芭蕉從鹽釜搭船來到松島海岸，曾造訪了瑞巖寺、雄島，深深愛上松島，但芭蕉並未留下有關松島風情的俳句。坊間流傳芭蕉一首歌誦松島的俳句：松島や ああ 松島や 松島や（松島啊！松島、松島），應該是江戶後期狂歌師田原坊所作。有一解釋，因爲松島太美了，讓芭蕉也找不到足以形容美景的字句。

富士山天晴

二〇一八年農曆春節，好友全家從台北來東京渡年假，約好二月十六日赴河口湖走春。一大早，我們開了九人座廂型車從白金台直奔河口湖。天氣雖然晴朗，但空氣冷冽，車子一路在東名高速公路急駛，也許是雲層關係，一直沒看到富士山蹤影，內心有些許忐忑。

約十一點左右抵達河口湖，高聳插天的冠雪聖山，突然橫在眼前。我來河口湖看富士不下五、六次，但每次它總展現不同的神秘風貌，眞的令人讚嘆與崇敬，難怪日本人視爲中心信仰的神山。

河口湖、本栖湖、山中湖、西湖、精進湖通稱「富士五湖」，是富士山噴火形成的堰止湖，以河口湖面積最大，二〇一三年富士山及五湖，一起被列入世界文化遺產。

在遊湖後，時間已近中午，我們驅車前往御坂的「天下茶屋」吃ほうとう麵。ほうとう麵有人翻成「不動麵」或「糊塗麵」，它是用味噌煮南瓜、野菜及豆皮的寬板麵條，相傳是武田信玄最愛的食物，也是山梨最具代表性的庶民美食。

天下茶屋的二樓爲「太宰治紀念館」。原來太宰治曾在此停宿三個月，寫成《富嶽百景》。紀念館內陳展著太宰治生平愛用的各式文具，牆上掛著太宰手寫「富士には 月見草が よく似合ふ」詩句，透露出太宰對富士山的憐愛。

離開天下茶屋後，繼續赴「忍野八海」參訪。忍野八海是位於河口湖不遠的忍野村湧泉群，是富士山融雪而成的八個湧泉池，目前爲指定天然紀念物、名水百選之一。今天四周盡是陸客的喧嚷吵雜聲。

回程女生們移師「富士山溫泉」泡湯，這是由檜木、欅木等純木造的超過一百坪的浴室。聽說是有二十種美肌效果的名湯，從露天溫泉可遠眺雄偉的富士神山。男生嫌換裝太麻煩，在街上喝咖啡聊是非，大好機會就「泡湯」了。

晚上六點半在「海之家」小啖日本料理後，結束河口湖的走春一日遊，踏上歸途。能與老友在國外相偕出遊，能一整天與富士山爲伴，眞的是幸福至極，永生難忘。

小田原城禮讚

國定假日起早，在品川搭東海道新幹線一路飛奔南下，約莫半個鐘頭抵達小田原。出了站，先往西口的北條早雲銅像致敬，再走過車站大廳繞到東口，展開今天的小田原城下町的巡禮。

戰國時代，北條早雲以小田原城爲根據地，統領當時的伊豆、相模，勢力並擴及至關東一帶，儼然成爲一方霸主。在弱肉強食的戰國時期，小田原城曾幾度易主。其中，北條早雲家族五代統治約近百年，奠下小田原城下町繁榮的基礎。

小田原城又稱小峰城或小早川城。北條第三代城主北條氏康任內，「甲斐之虎」武田信玄、「越後之龍」上杉謙信二人，曾分別進兵小田原城，都損兵折將，無功而返。小田原城因此被譽爲難攻不落之城。

一五九〇年，豐臣秀吉爲完成統一大業，揮軍十五萬包圍小田原城，並在小田原西南的笠懸山，構築所謂的「石垣山一夜城」，讓小田原城的北條守軍驚慌喪膽，戰意全失。小田原城被豐臣軍圍城三個月後，當時的第五代領主北條氏直爲免生靈塗炭，乃下令「無血開城」投降。

豐臣滅、德川出。德川家康繼豐臣秀吉後統一天下，將小田原城封賞給家臣大久保忠世一系，直到幕末的一八七一年廢城。小田原城原址於一九六〇年改建爲小田原城址公園，僅保存著目前的天守閣，供遊客緬懷過往歷史。

參觀過小田原城天守閣後，依地圖指引沿著舊東海道繼續探訪古蹟。中午，就在小田原港品嚐海味，小漁港臨相模灣，魚獲新鮮多樣，吸引不少老饕嚐鮮。緊臨漁港的早川清澈見底，只見釣客手持長釣竿，涉水垂釣，恰是一幅自然寧靜的現代風情畫。

第二篇 東京記憶

鶯谷挽歌

介於JR山手線上野站與日暮里站之間，有一個袖珍型的車站，就是鶯谷站。這是環狀山手線三十個車站當中，每天旅客出入最少的站。

今天選擇在鶯谷下車，爲的是參訪樋口一葉紀念館。樋口一葉是明治初期女性小說家，曾在鶯谷附近的龍泉町，渡過窮困潦倒的歲月，寫下著名的《比高（たけくらべ）》等作品。

龍泉町臨近江戶以來最大的紅燈區「吉原」。樋口一葉目睹那些風塵女郎的非人生活及不公平社會，所以寫出來的作品，多數是批判當時家父長體制下，婦女毫無地位、悲慘的底層生活，可以說是日本女性文學的先驅。

可惜樋口年紀輕輕染上肺結核病逝，結束短暫的一生，享年二十四歲。日本政府於二〇〇四年十一月，將樋口一葉選爲新發行的五千元日圓面額紙幣的肖像，樋口一葉成爲日本紙幣上第一位女性人物。

至於「吉原」從江戶以來，一直是風化區的代名詞，目前整條街澡堂旅館，金碧輝煌，蔚爲奇觀。據說，關東大地震時，吉原遭逢大火，數百名女妓逃生不及，跳入附近的弁天池溺斃。後人就在弁天池舊址建立「吉原弁財天」及「吉原神社」，以祀奉亡靈。

離開吉原，搭都電荒川線回家。路上一直思考，樋口一葉生前窮困潦倒，積勞病亡，死後卻成了五千元日幣的代表人物，似乎顯得有些諷刺。倘樋口一葉地下有知，不知做何感想？

涉谷的八公

東京的涉谷與新宿，號稱是廿四小時不眠之街。尤其涉谷是深受年輕族群喜愛的購物聖地，也是日本國內外流行時尚的發源地。

搭JR來涉谷的人，會注意到涉谷站有個出口叫「八公口」，一踏出這出口就看到八公的銅像。這裡幾十年來，早已成爲約會的地標。「八公」的名號因此聞名海內外。

話說，東京大學教授上野英三郎生前喜歡秋田犬，從秋田領養了一隻秋田犬，取名「小八」。上野教授每天上下班時，小八都到涉谷車站接送，日復一日、年復一年。

有一天，上野教授在課堂上，腦溢血倒地離世。小八不知主人病故，每天仍在車站等候，不曾間斷。小八的舉動，透過「日本犬保存會」投稿朝日新聞，一夕成名，被譽爲忠犬八公。

其後，在熱心人士奔走下，當地人在涉谷車站前，建立忠犬八公銅像，以示褒揚。一九三五年八公因癌症死亡。上野教授家人在青山靈園上野教授墓旁，爲八公立碑，讓主僕永不再分離。

八公死後，屍體被製成標本，保存於國立科學博物館，內臟則存於東京大學。二〇一五年三月八日，東京大學在校區內設置八公及上野博士銅像，以紀念八公的八十周年忌辰。

據瞭解，上野教授出身的三重縣津市「久居車站」也豎有上野博士與八公銅像。此外，日本還拍過《八公物語》，票房超過二十億日元。美國也翻拍英文版《Hachiko八公》，由李察基爾飾演教授角色。

不解的是，爲何當時涉谷車站前只豎八公，沒有上野英三郎博士銅像。此外還有點遺憾的是，上野英三郎博士是日本農業土木、農業工學專家，對日本學界貢獻卓著，卻因爲他的愛犬「八公」才廣爲人知。

城南五山

二〇〇五年第三度來東京工作時，每個禮拜一定會來五反田車站附近的Hot Spoon吃咖喱飯。這個餐廳店面不大，儘能容納十餘人，但印度式咖哩，有口皆碑。當店家端上小小的熱鐵鍋，咖喱滋滋作響，香氣四溢，讓人食指大動，幾乎停不了口。

五反田位於JR山手線圈內，目黒與大崎之間，行政區劃上屬品川區。江戶時代，此地「城南五山」有諸多大名下屋敷，目黒川流經其間，當時沿岸有一片約「五反」（五千平方公尺）的水田，故名五反田。

城南五山，是指江戶城南部的五座高台，池田山、島津山、御殿山、八ツ山及花房山。其中，值得一提的是，池田山原爲備前國岡山藩池田家的下屋敷所在，昭和六十年，闢爲品川區立池田山公園。

池田山公園在東五反田五丁目的高台上，整座公園是以水池爲中心的回遊式庭園。地形起伏，林木花卉相當豐富，四季風光不同。此時正是杜鵑、繡球花、菖蒲的季節，配合園中小瀑布的潺潺流水，禪意十足。

順著公園旁坡道向上走，在不遠處可看到「ねむの木の庭（合歡木庭院）」。不要小看這座小小庭院，這裡可是日本上皇后美智子的舊家（正田宅邸，美智子舊姓：正田）。庭院名稱取自美智子於中學時所寫的詩作。

五反田大致以JR五反田車站爲界，分爲東、西五反田。山手線、地鐵淺草線及東急池上線，在此交會。從白金台往五反田走，穿過寧靜高雅的高級住宅區，一到車站周邊，酒館、風俗歡樂街、摩鐵，隨處可見，反差極大。

尤其，車站對面的有樂街，每當華燈初上，時時出現一些黑衣大漢，甚至不明女子，當場拉客，也不見警察取締，有點像「無法地帶」，讓人心生恐懼。

登龍門的石階

一九八三年初次駐日時，因地緣關係，以及愛宕（ATAGO）的名稱很特別，就對愛宕神社充滿好奇。據瞭解，日本全國共有九百多座愛宕神社，總本山位於京都。

東京的愛宕神社，座落於JR山手線內海拔最高（二五・七公尺）的愛宕山頂，爲一六〇三年德川家康興建的。主神是祭祀火產靈命，也就是防火防災的神。

去愛宕神社可以從西側的神谷町，步行穿過愛宕隧道上山；或者由東側的御成門步行上山。其中，從御成門上山，須爬八十六個台階上去。此台階正是著名的「出世の石段」（類似登龍門）。

相傳德川家光於參拜增上寺，回程途經愛宕山，聞山上梅花飄香，乃命人前往折枝。坡道陡峭，只見家臣曲垣平九郎，一馬當先衝向石階上山。

平九郎在愛宕神社祈求國家安泰、武運長久，折了梅枝獻給家光，被家光封爲馬術第一名人，從此聲名遠播。現在神社本殿前，還植著當年的將軍梅，以爲歌頌。

江戶時代，愛宕山是江戶周邊地勢最高的小山，可一覽江戶城。聽說當年西鄉隆盛與勝海舟二人，是在山頂愛宕神社完成江戶「無血開城」的談判。

不過，從JR田町站前樹立著西鄉、勝海舟談判紀念碑，而且如果我記得沒錯，田町是當時薩摩藩西鄉宅邸所在，研判二人談判的地點在田町而非愛宕神社吧？

我是從白金台出發，經芝公園、東京塔，轉到愛宕隧道，直接爬男坂的「出世的石階」登上愛宕神社。八十六階筆直台階，一口氣完成，覺得有點腳痠。其實旁邊還有女坂，坡度較和緩，就當作自我挑戰吧。

井之頭公園

井之頭公園全名「井之頭恩賜公園」，橫跨東京武藏野市與三鷹市境，一九一七年（大正六年）開園，是當時日本最早的郊外公園。園區包括井之頭池、御殿山、西園運動場、第二公園等四個區域。

井之頭公園最著名的是井之頭池，四季景色怡人，春天時池畔滿開的染井吉野櫻、山櫻，賞花絕佳，夏天適合林蔭散步，秋天則紅葉倒影成趣，冬天園內日本庭園的「黑松雪吊」更是一絕。

據報載，爲慶祝「井之頭公園」開園百年，東京都、武藏野市、三鷹市及廿一個民間團體，成立「井之頭恩賜公園一百年實行委員會」，推動相關活動。其中，最有看頭的是，放乾池水撈魚的「かいぼり祭」，預料將吸引不少的遊客前往。

此外，「井之頭池划船場」划船人氣，歷久不衰。井之頭池約有一百艘的天鵝船。不過，謠傳前去划船的情侶很容易分手，原因是池中島有座弁財天廟，容易遭「弁財天」女神嫉妒而拆散。

對於這個謠傳，在池畔經營「泳遊亭」茶屋女主人小林笑著說，我們夫妻結婚四十年以上了，沒那回事啦！來這裡划船立誓終身相愛的情侶多的是。井之頭池四季韻味不同，尤其春天時，在飄滿櫻花瓣的池面划船盪漾，才別有一番浪漫情趣呢！

世田谷線散策

東京有二條僅存的地面電車，一線是廣為人知的「都電」荒川線，另一線則是較迷你的「東急電鐵」世田谷線。世田谷線是連結三軒茶屋至下高井戶的地面電車。今天晴朗好天，臨時起意來一趟世田谷線徒步巡禮。

世田谷線是東急電鐵唯一的地面電車，全長僅五公里，有三軒茶屋、松陰神社前、世田谷、宮の坂、下高井戶等十站。電車的特色是兩節式車廂，每輛電車顏色不同，紅、橙、黃、綠、白、灰，繽紛亮眼，尤其白色的招財貓彩繪車身，特別引人注目。

今天目標是走完全程，因為是平地，路程不遠，時間也寬裕，就採輕鬆漫步方式前進。約略中午一點半從首站三軒茶屋出發，沿著鐵道前行，中途在松陰神社及豪德寺短暫參訪，下午四點半即抵達終點下高井戶站。

值得一提的是，松陰神社是為祭祀幕末英雄吉田松陰而建的神社。松陰是幕末思想家，教育家，曾辦「松下村塾」培育許多維新志士，對明治維新的改革，貢獻極大。其中特別的是，神社的籤詩紙是淺綠色，原因待考。

至於豪德寺是江戶時代彥根藩井伊家的菩提寺，當年下令處死吉田松陰的幕府大老井伊直弼，正安葬於此。豪德寺以供養招財貓聞名。踏入寺內本殿旁，赫然發現成千上萬尊大大小小的招財貓，甚是壯觀。但也因數量實在太多，宛如大軍壓境的白色軍團，讓人心裡有點毛毛的。

豪德寺與松陰神社，井伊直弼與吉田松陰，加害者與被害人的墓地，隔著無辜的世田谷線鐵道，遙遙相望，似乎默默期許化解過往歷史的恩怨與悲情。

歷史暫且不提。世田谷線全線僅五公里，每站距離約七至八百公尺，適合徒步，而且沿途都是閒靜的住宅區，高貴不貴的氛圍，足以讓人解放心情，享受浮生半日閒。

小傳馬町

在東京日本橋一帶，有幾個與馬有關的特殊地名，小傳馬町、大傳馬町及馬喰町。地名沿襲自江戶時代的職業別。所謂「傳馬」是以馬馱載人、貨，從甲地運送至乙地的一種制度。馬匹多的地方叫大傳馬，少的叫小傳馬。馬喰（baguro）又寫成「博労」，是由「伯樂」衍生而來，指仲介馬匹買賣之意。

江戶時代，幕府為便於管理及控制全國，以日本橋為中心點，規劃整修「江戶五街道」，街道沿途設置宿場，「傳馬」的制度應運而生。大傳馬町、小傳馬町及馬喰町因此形成聚落。

週末，搭「日比谷線」地鐵來小傳馬町。一出站，很快找到「大安樂寺」。這裡原是「傳馬町牢屋」舊址，幕末「安政大獄」，吉田松陰鼓吹倒幕，觸犯幕府，被監禁於此，並遭幕府大老井伊直弼處決。

對面舊十思小學改建的十思公園廣場，除留著「十思之疏」校訓牆、鐘樓及當年牢屋的建築石板外，還有「松陰先生終焉之地」紀念碑。

十思取自北宋司馬光《資治通鑑》的「十思之疏」（見可欲則思知足…見高危則思謙降…遇逸樂則思撙節…），此校訓對小學生而言，是否深奧難懂呢？

我在小傳馬町停留了一下，接著散步至人形町、日本橋。今天的另一個目的，是來補拍明治大文豪谷崎潤一郎生家遺蹟，以及幕末三傑西鄉隆盛屋敷跡的照片。

途中，路過人形町二五〇年老店「玉ひで（玉秀）」料理，聽說以前幕府將軍都喜愛光顧。招牌「元祖親子丼」，一客竟然要價三三〇〇日幣，足足比一般貴出三倍，不曉得賣點在哪？改天應該要來一嚐究竟。

深川門前仲町

江東區深川一帶，最負盛名的神社寺廟，一爲「富岡八幡宮」，一爲「深川不動堂」。這兩宮廟自古以來，是此地民衆的信仰中心。「門前仲町」因位於兩宮廟前，並逐步繁榮成市集，地名亦因此而生。

富岡八幡宮是江戶最大級八幡神社，又稱深川八幡宮，是著名的「東京十社」之一。此地爲江戶時代「勸進相撲」起源地，社境內豎立有橫綱力士碑。每當新橫綱誕生，會在此舉行奉納及入土俵的儀式。

緊鄰的「深川不動堂」，又稱深川不動尊，是千葉縣成田山「新勝寺」的分院。本殿西側外壁鑲崁著不動明王黑色及金色的梵字眞言，氣勢壯觀。正殿參道擺著二隻大草鞋，掛著繪馬、神符、迷你草鞋，很有特色。

深川不動堂參道前的商店街，長約一五〇公尺，街道兩側各式特色小店林立，充滿下町風情。意外發現一家京都的醃漬店「近爲（Kintame）」，除販售京都漬物，也供應鄉土料理。還好已過二點多，不須排隊，我們選擇在此歇腳，享用午餐。

近爲店面不大，店內每張方型桌中央部分，設有圍爐，爐上是滾燙茶壺。客人就座後，店家隨卽端上裝有醃製小菜的木盆，讓客人邊等料理邊享用小菜，無限量供應。今天給的是醃南瓜、蘿蔔及芥末山藥，味道堪稱一絕。

中午招牌定食：京のぶぶ漬け（茶泡飯）粕漬鮭魚、三点盛合わせ、京合わせ。粕漬烤魚味道像極了西京燒，甘中帶淡鹹，十分下飯。店家還隨時補上不同的小菜。定食套餐一客一五九〇至一七九〇日幣，算得上物美價廉。

飯後，在門前仲町巷弄四處散步。今天風和日麗，能量滿載。尤其意外品嚐到下町美食，不虛此行，下次假日再來一探。

凱風快晴錦系町

無意間看到YouTube介紹，東京的台灣美食「劉の店」，特別是招牌台鐵排骨便當，於是趁著假日尋找家鄉味。

「劉の店」就在JR錦系町車站南口第一條巷子內。我們點了台鐵的排骨便當、滷肉飯、米粉湯。台味十足，塡補了淡淡的思鄉情緒。

老闆不在，原來是回台灣爲台日草根外交盡力，値得佩服。劉老闆嘉義人，早年以廚師來日，近幾年才在此開台灣小吃店。小小店面，人潮絡繹不絕。

今天來錦系町，另一個目的是下町歷史探訪。錦系町車站大樓牆面鑲著一幅「神奈川沖浪裏」浮世繪版畫，一看卽知錦系町與葛飾北齋有深遠關係。

錦系町屬於東京都墨田區，地名緣於江戸時代曾經存在的錦系堀。著名的浮世繪大師葛飾北齋在此出生，所以車站北口大通，就訂名「北齋通」。

在北齋通上公園的一角，找到北齋紀念館，西洋式建築外觀，實在無法與傳統風味的浮世繪聯想一起。公園地面印著巨幅的浮世繪「凱風快晴」，表現出錦系町是名符其實的北齋町。凱風快晴（又名：赤富士）與神奈川沖浪裏這兩幅浮世繪，是葛飾北齋「富嶽三十六景」四十六幅畫中的代表作，畫作充滿濃厚的北齋風。

聽說，台北「中正紀念堂」目前正展出日本五大浮世繪師的「江戶風華」特展。日本這五位浮世繪大師，我比較喜歡葛飾北齋及歌川廣重二位。

幾年前，日本朋友曾送我一幅歌川廣重的《東海道五十三次之箱根》七寶燒畫像，至今仍擺在家中書櫃上留念。很喜歡浮世繪的畫風，獨特的日本風格。

目白御殿

東京JR山手線全長卅四．五公里、三十個車站。其中有二個站名特殊且對稱，一爲目黑，一爲目白。

目黑、目白地名由來，一說是江戶時代，三代將軍德川家光在高僧的指點下，於江戶城外，設置了黑、白、赤、青、黃等五尊「不動明王」，以確保幕府的永世安泰。目白、目黑就是以此「不動明王」而命名。

目白一地，位於豐島區與文京區交界，除了貴族子女所就讀的「學習院大學」外，著名的景點有「椿山莊」、「肥後細川庭園」、「芭蕉庵」，以及已故田中角榮首相的宅邸，俗稱「目白御殿」。

椿山莊原是明治元勳山縣有朋的私邸，園內綠地寬廣，遍植各式山茶花，還有假山、池塘造景，由山縣親自取名爲「椿山莊」。目前椿山莊酒店，除了旅館住宿外，可說是一般人憧憬的高格調婚禮場地。

肥後細川庭園則是江戶時代，肥後熊本藩細川家的下屋敷。東京都於一九六〇年買下該土地，改建成現在的迴遊式泉水庭園。二〇一七年公園進行整修，重新改名爲「新江戶川公園」。公園旁緊臨著俳聖松尾芭蕉住過的「芭蕉庵」。

目白御殿爲田中角榮的住家。田中角榮是昭和時期叱吒風雲的政治人物，也是自民黨「三角大福中」時代領袖之一。他出生於新潟，小學畢業，連任幾屆衆議員，後來當選首相，並促成日本與中國建交。

田中在世時，據說每天到「目白御殿」朝聖者，不下三千人，車水馬龍，甚至須動用警力維持交通。田中死後，其女田中眞紀子無法繳納六十幾億遺產稅，部分土地（約五百多坪）充公，併入現今「目白台運動公園」。

傍晚時分，突然下起濛濛細雨，但不減興致，繼續散步到附近的神田川。春寒料峭，河堤兩旁吉野櫻仍含苞待放。突然想起「かぐや姫（南こうせつ）」樂團在昭和四十八年所唱紅的戀曲「神田川」，對照此情此景，別有一番滋味。

虎之門事件簿

時間回溯到江戶時代。當初江戶城的外㙟城門，是依風水設計，以：東青龍、西白虎、南朱雀、北玄武四獸神，做爲江戶城的守護神。」其中，西門通稱「虎之門」。明治時代拆除城門，地名亦幾度更改。直至一九四九年（昭和廿四年），首度以「虎之門」爲行政區劃名稱迄今。至於虎之門城門的遺址，就在現今文部科學省官舍附近。

大正年間，當時的皇太子裕仁（後來的昭和天皇）於驅車出席國會途中，在虎之門遭到無政府主義活動家攻擊，幸好未被擊中，僅造成東宮侍衛長輕傷，這就是著名的「虎之門事件」。事件發生後，當時的總理率內閣總辭，東京警視廳警視總監、警務部長遭懲戒免職，兇嫌父親（衆議員）辭職，閉門蟄居、絕食而亡，至於兇嫌則判處死刑。

從地鐵銀座線「虎之門站」八號出口上來，一下就找到路旁的「虎之門遺址」碑，只見盤坐在石碑上的銅雕老虎，張牙怒視路人，頗具威嚴。

拍照後，前往附近的金刀比羅宮參拜。側身在西式高樓群背後，古色古香的這座金刀比羅宮，看起來並不覺得礙眼與矛盾，反倒是和、洋相互輝映成趣。

繼續散步至虎之門二丁目，高聳入雲的「虎門之丘」，印入眼簾。這座「森財團」擁有的摩天大樓，結合了現代化商辦、住宅、遊憩、文化的複合式立體綠色都市概念。

虎門之丘於二〇一四年六月開業，已成爲新橋地區的另一個地標。由於虎之門與「多啦A夢」

的發音雷同，故虎門之丘暱稱「多啦A夢之丘」，聞名的主人翁「小叮噹」自然成了這棟摩天大樓的吉祥物。

烏龍派出所

從都心搭常磐線往東走，約莫三十分可達亀有站。這個位於偏遠的葛飾區小鎮，近幾年來，因爲一部連載漫畫《亀有公園前派出所》，帶動地方的觀光熱潮，爲原來平淡無味的下町小鎮，注入不少新的活力。

這部《烏龍派出所》是亀有出身的漫畫家秋本治最得意的代表作。從一九七六年至二〇一六年，在《週刊少年Jump》上連載，歷四十年不墜，創下金氏紀錄連載最多集數漫畫。後來更陸續改編成動畫、遊戲、電視劇、電影等。

故事描寫葛飾区亀有公園前派出所，來了一名小警員兩津勘吉，個性不拘小節，經常製造麻煩且鬧出笑話。原本平凡無奇的小派出所，由於兩津的出現，每天都有數不清的烏龍事件發生，久而久之「亀有公園前派出所」名號，響遍全國。

由於《烏龍派出所》名號響亮，小鎮腦筋動得快，順勢在車站方圓幾百公尺範圍內，陸續以漫畫中的主人翁：兩津勘吉、秋本麗子及中川圭一等，塑造了十五座銅像。

週末午後走訪亀有，向車站索取了「兩さん銅像めぐり」簡圖，按圖索驥，先找到北口的五座銅像。接著往南口走，也不費力的找出九座銅像。可惜位於香取神社旁的第十二號銅像，因構工暫時封閉，無法參觀。

葛飾区有二個知名地方，柴又及亀有。柴又因爲山田洋次的《男人眞命苦》電影帶來觀光人潮。亀有則因秋本治的漫畫《烏龍派出所》，讓小鎮回春。這兩個下町的地方振興過程模式，頗有相同之處。

純情商店街

從JR中央線的高円寺站出來，馬上看到車站對面一條名字特殊的商店街，名叫高円寺「純情商店街」。這條位於高円寺北口，幾百公尺長的商店街，有琳瑯滿目的各式傳統及現代風味雜陳的小店，十分適合悠閒的午後遊街。

純情商店街原名叫「高円寺銀座商店街」，一九八六年杉並區出身的小說家禰寢正一，以這條街爲舞台，寫了《純情商店街》小說。隔年，獲得日本直木賞文學獎，後來更拍成電視劇。當地商家趁勢將街名易名「純情商店街」。

《純情商店街》是作者禰寢正一自身的故事。昭和三年，高円寺北口的商店街「江州屋」乾貨店，店東獨子正一是中學生，每天除上學外，還幫忙照顧生意。禰寢正一以當時體驗的市井小民生活，以及下町濃厚的風情，完成了這部溫馨感人的小說。

除了北口的「純情商店街」外，南口還有值得介紹的兩個景點。一是宿鳳山高円寺，一是冰川神社。宿鳳山高円寺相傳是江戶幕府三代將軍家光，在獵鷹途中，經常來此休息，故寺方在寺內修築御殿，高円寺因而聞名，其後當地就以高円寺爲地名。

至於冰川神社，則以本殿前的黑色鳥居及境內建有一座堪稱日本唯一的氣象神社，爲最大特徵。氣象神社座落在冰川神社本殿旁，在行禮祈福後，順著腳步走進一看，兩旁的繪馬架，掛滿各式祈求好天的繪馬，甚爲壯觀。

高円寺最吸引人的是，在每年八月最後一個週末所舉辦的「阿波舞祭」活動，吸引超過百萬名國內外遊客，前來觀賞。高円寺阿波舞祭，可以稱得上是除了德島以外，全日本最大的阿波舞祭活動。

圍繞著高円寺車站，除純情商店街外，還有Pal、高円寺庚申通商店街、北中通商店街等幾條傳統商店街，可說是假日逛街的好去處。

蒲田進行曲

三月花粉正盛，忍著眼睛癢、噴嚏不停，戴著口罩、防護鏡，來一趟「京浜空港線」沿線散步。今天的路線是：天空橋─穴守稻荷─糀谷─蒲田。

「天空橋」乍聽之下，很夢幻的站名，其實只是一座不起眼的陸橋（穴守橋）而已。或許緊臨羽田空港，所以取了這麼美奐的站名。倒是橋上兩側護欄鐵板，坎著各式舊型飛機模型圖，極富特色，是吸引飛機迷的好去處。

穴守稻荷站顧名思義因「穴守稻荷神社」而得名，站旁有一尊狐狸的石雕（コンちゃん），再往前走幾公尺就是朱紅色的大鳥居，非常顯眼。

途中在萩中公園休息片刻後，續行至糀谷站，在「糀谷商店街」簡餐裹腹，再沿著呑川綠道，找到北野神社，社境栽種的幾棵梅樹正值怒放，煞是好看。綠道的盡頭爲夫妻橋，橋對面就是終點目標蒲田站。

蒲田位於東京最南端的大田區，也是進入羽田空港的玄關口。以往這裡是一片沼澤田地，故名蒲田。二戰期間，蒲田遭聯軍空襲，幾成焦土，戰後重建成現在的規模機能。一提到蒲田，令人聯想到一部昭和的老電影《蒲田進行曲》。松竹電影拍攝的《蒲田進行曲》劇中劇，是由松坂慶子、風間杜夫及平田滿主演。

風間飾演一位大明星，爲了追求名利，將懷有身孕的女友松坂硬塞給他的跟班平田，另與千金小姐交往。松坂最後被平田的誠心感動，兩人步入禮堂，後順利產下女兒，團圓收場，風間回頭已後悔莫及。

有趣的是，在一月開演的NHK大河劇《西鄉どん》中，當年《蒲田進行曲》的風間、松坂、平田的黃金組合，在事隔三十五年後的這齣戲再次合作。這一次風間及松坂分飾西鄉隆盛的父母親，平田則飾演大久保利通的父親，風間與松坂在劇內終成眷屬。眞的有趣！

日比谷風雲

位於東京千代田區的日比谷公園，是日本最早的西洋風格式公園，占地遼闊、交通便捷，雖然鄰接皇居、銀座及官廳街的霞ヶ関，正面還有聞名國際的帝國大飯店，鬧中取靜，綠意盎然，是都民及遊客最愛的休憩之地。

日比谷公園等同東京巨蛋大小，園內有公會堂、噴水池、音樂堂、網球場、兒童遊園、圖書館、松本樓餐廳、輕飲食店及花園草坪，功能十足。

在美麗端莊的外表下，日比谷公園其實是充滿故事性的地方，就舉幾個小例子吧！這裡在江戶時代是伊達政宗的上屋敷。一六〇一年德川家康將這裡賜予伊達政宗，建造江戶屋敷，政宗終老於此。目前園內一角還豎著仙台藩主伊達政宗「終焉之地」的記念碑。

公園南端的「日比谷公會堂」在一九六〇年，曾發生刺殺事件。當時日本社會黨委員長淺沼稻次郎在公會堂講台上進行演講會，突遭右翼「大日本愛國黨」成員衝上台，以日本刀猛刺胸部兩刀，淺沼當場死亡，事件震驚了全國，並引發大規模的示威遊行。

公園內還有一處三層樓西洋式建築「松本樓」。樓主梅屋庄吉與孫中山莫逆之交，在當年孫中山推翻滿清的革命運動中，曾給予物心兩面莫大的幫助。孫中山辛亥革命失敗流亡日本時，一直寄居於此。他與夫人宋慶齡也在「松本樓」完成終身大事。

在「松本樓」的大廳，仍展示著宋慶齡彈過的鋼琴。二〇〇八年中國總書記胡錦濤訪日，當時的首相福田康夫曾在「松本樓」設宴款待胡，兩人細數孫中山亡命日本的生活軼事，並瀏覽梅屋庄吉與孫文的過往史料。

每逢週末假期，日比谷公園廣場經常舉辦音樂會、農特產市集及公益活動，吸引群衆前來參與。也許多數人都不知道，當年這裡一度是左派及市民集會示威，甚至流血抗爭之地。在美麗的外表下，隱藏一些不太爲人知的歷史。

麻布十番紅鞋女孩

由於地緣關係，從第一次派駐東京時，就喜歡上麻布十番。相較於後方高地的麻布台高級住宅區，緊臨古川的麻布十番，一直有著一股濃濃的下町風情。

麻布十番，一說是當年整治古川的工區番號，無從考證。此地在江戶時代原爲仙台藩領地，高台部建有藩邸，低地開放販夫走卒群居。明治時代官方進行整治古川，並開發成繁華地區。

麻布十番商店街，小店林立。著名的賣店：豆源、浪花家雕魚燒、狸煎餅、阿倍燒烤、永坂更科蕎麥麵等。此外，韓國大使館位於麻布十番的仙台坂上，故附近有許多道地的韓國烤肉店。

每年八月下旬，麻布十番商店街循例舉辦聞名的「納涼祭」，這是以商店街、帕笛歐通及雜式通爲主要活動場地的祭典活動。十番納涼祭迄今已有四十幾年歷史，每年吸引十幾萬遊客、三百多個攤位參加，外國大使館亦紛紛展出攤位，推銷各國特產及美食。

與十番商店街平行的帕笛歐通的小公園內，設有一座紅鞋女孩小君雕像，背後有一段淒涼故事。這是以日本童謠作家野口雨晴的《紅鞋》詩作爲本的雕像，石碑上標題刻著：穿著紅鞋的小女孩，長眠於這條街上。

小君小時候，因家境清寒，準備送給美國的傳教士當養女，其生母亦堅信小君在美國將幸福快樂；惟最終小君卻因生病無法赴美，明治四四年孤獨的病逝於麻布町的孤兒院，年僅九歲夭折，令人無限唏嘘。

去麻布十番可以搭地鐵都營大江戶線或南北線，從麻布十番站出口上來就是商店街入口，十分便利。來十番商店街逛街時，建議可以順道拜訪帕笛歐通的紅鞋女孩雕像，爲小君祈福。

千住歷史懷思

報名參加「地下鐵文化財團」舉辦的歷史教室講座，探訪奧州街道千住宿場。今天由亞細亞大學「地誌學」山田徹教授主持導讀與導覽。

奧州街道是江戶時代的五街道之一，從日本橋經千住至陸奧白川（福島白河）共廿七個宿場。其中，日本橋至宇都宮的十七個宿場與日光街道共用。

上午十點，在地鐵文化財團會議室集合，卅八名學員，我們夫婦是唯二的外國人。山田教授花了九十分鐘，深入淺出的介紹千住宿場的歷史沿革，然後全員移現場教學。

北千住車站附近「宿場町通」商店街，是江戶時代「千住宿」所在。山田教授說，在江戶四宿（品川宿、板橋宿、千住宿、內藤新宿）中，千住宿的規模最大，約有一萬多居民。

走在宿場町通步道，櫛比林立的老店鋪，充滿昭和風味，勾起遊客的懷舊情緒。我們也參拜幾座古剎，其中，金藏寺的「無緣塔」供養當時在「千住宿」從事陪宿的遊女，名單一一刻在塔座上，令人印象深刻。

山田教授還講了千住大橋的歷史及文學軼事。幕府垮台後，德川慶喜被逐出江戶時，是經由千住大橋回到茨城水戶藩隱居的。而俳聖松尾芭蕉從深川搭船，在千住大橋上岸後，開始他的「奥之細道」行腳。

參訪活動至下午四點半止，在繳回名牌後結束。此次參訪感想：當年德川家康率大軍，從千住進入江戶建立幕府；而德川慶喜終結幕府，也從千住離開江戶。「千住」與「千壽」同音，江戶幕府維持二六〇餘年，最後畢竟還是無法千住（千壽），天意不可抗。

目黑比翼塚

東京目黑區有一條「不動路線」的綠色散步道。從目黑車站經權之助坂、目黑不動尊、林試之森，回程繞道禿坂、目黑川太鼓橋、雅敍園回到目黑西口。這條路線全程三．三公里，步行需時一個鐘頭左右。

目黑不動尊，相傳是德川家光聽從高僧建議，在江戶城外圍，設置了黑、白、赤、青、黃五色「不動明王」，以鎮守江戶，確保天下太平。其中，目黑及目白，一說是因爲當地供奉的黑、白色「不動明王」而命名的。

目黑不動尊「瀧泉寺」山門旁，有一塊比翼塚石碑，再往南走碰到禿坂。兩個景點正好串出江戶初期一位落魄武士權八、青樓女子小紫及其侍女之間，悲戀的野史故事。

話說，白井權八因殺人罪被處死刑，屍首埋於瀧泉寺。小紫從吉原（風化區）趕來，發現權八已死，悲慟不已，在權八墓前自盡。廟方有感於小紫爲愛殉情，將兩人合葬立碑，命名「比翼塚」。

而「禿坂」的「禿」字，指的是江戶時代，專門服侍青樓女妓的少女通稱。這位「禿」從吉原來瀧泉寺找小紫，在桐ヶ谷附近，遭暴徒襲擊跳池自殺。後人爲哀悼紀念禿，於是把桐ヶ谷旁的坡道，取名禿坂（MUKARO ZAKA）。

週末，順著「不動路線」散步，途經比翼塚轉禿坂時，才知道這段江戶的悲戀愛情故事。也有些不解，日本人可以爲一個殺人犯與青樓女子設塚立碑（無論他們的愛情如何忠貞與高貴），甚至可以將一般被視爲卑賤的女侍，命爲路名，這在台灣應該算是離經叛道的事吧？

消失的神田山

東京千代田區與文京區接壤處的神田、御茶水一帶，有一個特殊地名叫做「駿河台」。地名的由來，據瞭解，德川家康晚年禪位，隱居於靜岡的駿河府，而家臣們也一起移居駿河，就近照料家康生活。

家康身亡後，家臣返回江戶，爲緬懷家康恩澤，選定了江戶城外的高台落腳，以便於遠眺富士山及駿河府，並將此地命名爲「駿河台」以爲追思。駿河台與北邊本鄉湯島台相連構成神田山，扼守江戶城的東北要衝。

一說，二代將軍秀忠一次與大名伊達政宗下棋，秀忠問如果要攻江戶城，你將從何處下手？政宗毫不遲疑回答，可以從神田山俯攻江戶城。秀忠於是命政宗在神田山挖掘人工護城河「仙台堀」，也就是現在的神田川。

神田川開鑿以後，神田山被切割成二個獨立個體，北邊爲本鄉湯島台，南邊駿河台。距離駿河台最近的車站是「御茶水」。一說，秀忠喜愛以神田川的清澈水源泡茶，因此而得名。御茶水及駿河台，也是日本教育的發源地。

江戶時代極爲重視儒學，第五代將軍綱吉將幕臣林羅山宅邸內的孔子廟移至此地，改稱「湯島聖堂」。湯島聖堂祭祀著孔子及顏淵、子路等四位門生。境內有一尊由台灣獅子會所捐贈，號稱世界最高的孔子銅像。

御茶水、駿河台一帶，明治、中央及順天堂等大學林立，是著名的學生街及樂器街。尤其，御茶水車站是JR中央線、總武線及地鐵丸之內線的交會處，成爲多數鐵道迷在此捕捉三線列車同時交會的熱門景點。

當天走在湯島聖堂旁的「昌平坂」時，正好碰到兩位鐵道迷架著相機正守候著拍照。因爲時間有限，無暇久留，就只捕捉到地下鐵丸之內線列車駛出隧道的那一瞬間身影。

東京山谷貧民街

日本有三大貧民街，東京山谷（さんや）、大阪西成（あいりん）及橫濱的壽町。其中，東京的山谷地區是指台東區的淸川、日本堤、東淺草及南千住一帶。

目前「山谷」名稱已不復存在，早年，這一帶聚集許多妓院，還有供日雇型勞工住宿的簡易旅館，龍蛇混雜、髒亂惡臭、治安不佳，是典型的都會死角貧民窟（ドヤ街）。

根據資料記載，江戶時代這裡是「日光街道」的宿場。其後，經過明治時代、關東大地震、東京大空襲以後，來東京求職的勞動人口湧進，逐漸形成聚落。

一九六〇年代以後，此地發生過多次所謂「山谷騷動」的大規模群抗事件。山谷地區逐漸成爲犯罪者的天堂、過激派及暴力團活動的大本營，也讓「山谷」變成犯罪的淵藪及代名詞，一般人不敢輕易進入當地活動。

爲因應日漸惡化的治安，東京都廳曾在此設置「山谷地區交番（派出所）」，大力進行掃蕩，逐漸恢復治安。山谷地區交番現已改名爲「日本堤交番」，而此地因簡易旅館林立，也成了國外背包客最愛，每年估計有十萬人以上的背包客在此歇腳。

隨著治安的改變，加上附近晴空塔的落成，山谷地區變化幅度不小。尤其，以此地爲舞台的動漫及電影《あしたのジョー》與《孤独のグルメ（美食不孤單）》問世後，逐漸喚回人潮，恢復下町氛圍。

週末走訪當地，除了偶見小巷內有數位遊民露宿外，並無異狀。但因了解當地過往歷史，心理上仍無法克服恐懼的心態，短暫停留後快步離開。

日暮里風情

無心插柳、既來之則安之。原來計畫去搭「荒川電」地面電車的，鬼迷心竅，卻在日暮里下車。很少來日暮里附近活動，發現日暮里車站竟然這麼大，驚艷之餘，就安心的尋寶吧！

在站前看「案內圖」，官方推薦六處散步景點：一、夕焼け小焼けの紀念碑，二、日暮里纖維街，三、高村光太郎紀念碑，四、富士見坂，五、ゆうやけだんだん，六、下御隱殿橋。決定按圖索驥，逐一探訪。

從太田道灌的騎馬銅像出發，先找日暮里第二小學的「夕焼け小焼け」童謠碑，然後逛纖維街。這裡類似台灣的布莊街，各式布匹、服飾、紐扣，應有盡有。但假日卻沒人潮，是否景氣有關，不想花心思理會。

路線問題，跳過第三及第四景點，直奔「ゆうやけだんだん」（有人翻成：夕陽漸漸），這是一個看似平凡的階梯，但坐在階梯看夕陽漸漸，絕對詩情畫意。還可以俯瞰瀰漫著江戶懷舊風情的「谷中銀座商店街」，恍若進入時光隧道。

離開「ゆうやけだんだん」順著御殿坂走下坡，就是下御隱殿橋。這座橋緊臨著日暮里車站，橋上設有瞭望台，橋下是多線道鐵軌，每天約二千五百班次的列車，山手線、京濱東北線、新幹線、高崎線等，不時呼嘯而過，十分壯觀，吸引許多鐵道迷前來朝聖。

日暮里這個地方與古時候建造江戶城的太田道灌，有深厚淵源，此點從車站不遠處的「道灌通」、站前的太田道灌銅像，足可印證。離開前，看車站大廳的「谷根千地圖」告示牌，才知道谷中、根津、千駄木是旅遊雜誌鄭重推薦，也是遊客津津樂道的一日遊黃金行程。

今天的即興演出，讓我驚艷，也心生感觸。東京雖然是先進的現代化國際大都會，其實蘊藏著豐富的歷史文化內涵。東京在不斷追求進步的同時，也極力維護與珍惜傳統，彼此相依共存，絲毫無矛盾之處。眞是值得驕傲的偉大城市。

戀戀神樂坂

二〇〇七年一月，日本富士電視台播出「嵐」成員二宮和也所主演、倉本聰劇本的《拜啓～父親大人》連續劇，描繪料亭小人物的日常溫馨生活，舞台就在飯田橋的神樂坂。

神樂坂位於新宿區，是一條長約一公里的坡道商店街。名稱源於江戶時代，站在坡道上隨時可聽到奉納神社的神樂，故名之。明治、大正時期，此地是繁榮的花街，料亭林立，號稱是山手的銀座。據說，神樂坂深受尾崎紅葉、夏目漱石及與謝野晶子等大文豪的喜愛。

商店街路樹筆直，和洋餐廳、店鋪並存，尤其隨處可見帶有江戶風情的陶瓷飾物小店。而主街道旁的小巷，宛若樹幹分枝。轉進小巷弄，別有洞天，往往令人驚豔。

我們中午在一家廣島燒用餐。甫坐下，旁邊的客人主動向我們搭訕，聊了一下，才知道他前女友也是台灣人，難怪對我們特別親切。

餐後前往「赤城神社」，神社有七百年歷史。二〇〇九年由隈研吾重新改造設計，傳統社殿對比現代化社務大樓，並不矛盾，反而相得益彰，成爲神社新亮點。

神樂坂還有一處人氣景點，就是東京「水上俱樂部」。這裡原是人工運河的租船埠頭，後來改建成咖啡廳CANAL COFE。坐在河畔餐廳悠閒的享受美食、咖啡，時而河對岸的電車自隧道鑽出，呼嘯而過，爲午後的都會，增添不少浪漫情趣。

首相夫人的居酒屋

在靠近JR神田車站的內神田一丁目靜巷裡，有一間外觀簡約的日式「隱れ家」居酒屋，是我們今晚聚會的地方。

二〇一二年，時任日本首相夫人安倍昭惠，在安倍首相有條件的同意下，於內神田開設了這間「UZU」居酒屋，一時社會輿論譁然。

安倍知道昭惠喜歡喝酒，開出兩個條件，一是在店裡不能喝酒，二是一年收入赤字立即收店。經過八年時光，這間小店仍然安在。

這裡是三層樓建築，一、二樓是營業空間，店長中村てる也來自安倍家鄉山口縣。中村告訴我們，UZU店名取自古神話中「天鈿女命（あめのうずめのみこと）」女神。

UZU強調採用全國各地的有機食材，營養、衛生。尤其白米來自昭惠在山口的「UZU農場」。所以店裡兼販售白米，聽說所得部分捐贈緬甸做爲地方興學基金。

UZU四種套餐，五千、八千、一萬及一萬二千。清酒則以山口地酒爲主，獺祭、東洋美人、雁木二十餘款。我們今天喝了四款，昭惠夫人交待店長送給我們四合尚未正式開賣的UZU清酒。

第一次跟國會議員來店時，昭惠主動出來跟大家拍照留念，像極了鄰居姐妹。昨晚中村店長又陪昭惠過來向我們親切致意。我們也回報買了幾包米，表達台日親善友好。

首相夫人經營居酒屋，史無前例。儘管社會上有諸多不同聲音，但安倍昭惠不以爲意，符合昭惠非典型官夫人的個性。試想，事情如發生在台灣，不知結果會是如何？

後記：

二〇二二年七月安倍晉三前首相在奈良遇刺身亡，昭惠夫人於同年十月關閉「UZU居酒屋」。從二〇一二年開店至二〇二二年閉店，正好歷時十年。讓人有種「十年一覺神田夢」的無奈感慨。

敬天愛人的悲劇英雄

去過東京上野公園的遊客，在賞櫻及參觀動物園、美術館之餘，是否有注意過，矗立在公園西側的西鄉隆盛的銅像？

這尊身著草鞋、便服，牽著薩摩犬的西鄉隆盛銅像，是日本雕刻家高村光雲作品，基座上刻著西鄉的遺訓「敬天愛人」，無形中已成爲上野公園的另一個地標。

西鄉隆盛與木戶孝允、大久保利通並稱維新三傑。其中，西鄉與幕府重臣勝海舟的江戶「無血開城」談判，拯救黎民免於戰爭災難，更是歷史留名。

明治天皇掌權後，西鄉因主張征韓論，與新政府決裂，發動「西南戰爭」，惟最終兵敗切腹。西鄉終其一生雖以悲劇收場，卻是維新三傑中，最受日本人敬愛的英雄。

西鄉隆盛出身薩摩藩士，據野史記載，其家族與台灣淵源頗深。西鄉曾於一八五一年奉命赴台勘察民情，在宜蘭結識平埔族女子並生子，後銜命返回薩摩，從此音訊斷絕。

巧合的是，日本占領台灣，西鄉兒子菊次郎被派任爲宜蘭廳長。現在宜蘭的員山鄉有一座堤防（西鄉堤），就是西鄉菊次郎當年爲治水而築的。此外，西鄉隆盛胞弟西鄉從道，亦是明治時代首位派兵征台的指揮官。

在老家鹿兒島的西鄉銅像，戎裝威武的佇立山坡公園上。反觀上野的西鄉銅像，卻僅便服、草鞋、薩摩犬。這是否與西鄉曾發動「西南戰爭」，反叛朝廷有關，實無可考。惟據說，上野的西鄉銅像面朝方向正是鹿兒島，似乎隱含著西鄉隆盛濃烈的望鄉心情！

目黑秋刀魚祭

每年九月上旬的一個週末，目黑車站附近的馬路會實施封街，舉行目黑秋刀魚祭。時間選在上午十點至下午二點。活動除了炭烤秋刀魚及其他多項表演以外，還有傳統的日本落語（單口相聲）節目。

目黑秋刀魚祭，據說源自於古典落語《目黑的秋刀魚》段子。江戶時代，一位幕府將軍微服出巡到當時的目黑農村，因爲吃到美味無比的秋刀魚，所以經常命令臣子，設法張羅目黑的秋刀魚來品嚐。

拜《目黑的秋刀魚》落語之賜，目黑商店街振興組合於一九九六年發起了第一回的「目黑秋刀魚祭」免費烤秋刀魚，提供遊客品嚐。爲了讓遊客吃到肥美的秋刀魚，目黑的商家每年特地從築地採購宮城縣產秋刀魚烤用。

目黑的「秋刀魚祭」，傳到了岩手縣宮古市民耳中，甚爲感動，於是從第四回目黑「秋刀魚祭」起，宮古市每年免費提供七千條秋刀魚贊助活動。

再相繼接著，德島神山町、枥木那須塩原市、和歌山みなべ町，也分別開始提供秋刀魚配料的醋橘（去腥用）、蘿蔔及炭烤所須的備常炭。

當日一早，目黑車站周邊就湧入人潮。靠近車站的目黑通段，馬路圍起二線道，上萬遊客備妥遮陽用具，頂著艷陽天排隊，而工作人員在十幾個烤爐上，賣勁的搧烤秋刀魚，白煙茫茫竄起，香味四溢，景象十分壯觀。

與此同時，目黑車站東口圓環，也有十數攤露店，販售各地土產及海味燒烤，還有各式各樣的表演活動，阿波舞、拉拉隊舞、拉丁舞等等，熱鬧無比。對於「目黑秋刀魚祭」有興趣的遊客，建議務必來此一遊。

第三篇

追劇客廳

金色夜叉

從JR熱海車站下車，步行十五分到港口，會發現沿著縣道的沙灘上，佇立了一座塑像及一棵老松。這是明治時代大文豪尾崎紅葉著名小說《金色夜叉》中，男女主角貫一與阿宮分手的場景，也是現在遊客到熱海觀光時，必定打卡造訪的聖地。

《金色夜叉》這部小說是以戀愛與金錢爲中心，描繪明治時代上層與底層社會一般民衆的生活，反映當時日本社會走向資本主義、金權至上的現象。

貫一與阿宮是青梅竹馬、互許婚約的戀人。お宮後來移情別戀嫁給有錢人。貫一在熱海與お宮相約談判破裂，調頭要走，お宮跪求貫一諒解，貫一氣極敗壞的以腳踢開お宮……。海灘的這一座雕像，就是刻畫出小說《金色夜叉》中，最精彩的這一幕。

阿宮婚後並不幸福，貫一也因受到失戀刺激，搖身一變成放高利貸的金色夜叉，以斂財欺壓他人，撫慰自己受重創的心靈。

《金色夜叉》於一八九七年一月至一九〇二年五月在「讀賣新聞」連載，在連載將進入高潮時，年僅卅五歲的尾崎紅葉卻因病早逝，成爲一部未完的曠世巨作。尾崎死後，《金色夜叉》小說陸續被拍成電影及電視劇，造成轟動，而熱海也從一個默默無名的地方小漁港，一躍成爲全國知名的溫泉勝地。

在《金色夜叉》電影主題曲中，有一句歌詞寫道：

宮さん必ず来年の　今月今夜の　この月は
僕の涙で曇らせて　見せるも男子の　意気地から
（直譯：阿宮啊　明年的此月此晚　月亮會因我淚水而模糊朦朧　讓你看看男兒志氣）
短短的幾行字，不難看出，男主角貫一內心充滿既愛卻又無法喚回阿宮愛情的悔恨與無奈。

荒城之月

春高楼の花の宴 めぐる盃 かげさして 千代の松が枝 わけいでし 昔の光 今いずこ……（春日高樓花宴開 杯觥交錯映月來 千年古松枝新綠 淸輝依舊人事非）

這是明治時期的歌謠，曲調淒滄、深富涵義，老一輩台灣人都耳熟能詳。我是在大學時期接觸這首歌的，當時只知道作曲者是滝廉太郎。

二〇一八年底去富山旅行時，在富山站前大道發現滝廉太郎雕像。細看碑文才知道，原來滝廉太郎孩提時期，曾隨父親在富山居住過一段時間。滝廉太郎創作的《荒城之月》與富山有很深的關聯性。

一九〇〇年，東京音樂學校爲編撰中學歌唱課本，對外徵求詩作及譜曲。詩人土井晩翠與音樂家滝廉太郎創作的《荒城之月》詞、曲，分別雀屏中選。

土井晩翠是仙台人，早年活躍於文壇，其男性漢詩調風格，與島崎藤村的女性詩風，曾引領詩壇風騷，創造了所謂的「藤晩」時代。

滝廉太郎則因父親任官緣故，住過富山、大分。廉太郎早年留學德國，染上肺結核回國，廿三歲病故大分，是薄命的天才音樂家。

據說，土井晩翠是以故鄉仙台城及福島的會津若松城爲原型，創作出《荒城之月》的詩詞。巧合的是，滝廉太郎則以富山城、大分竹田的岡城爲原型，譜出《荒城之月》的曲子。

土井與滝二人，各以不同的城爲背景，但創作出來《荒城之月》的詞與曲，卻如天作之合的美妙無瑕。惟據瞭解，日本文部省於二〇〇二年，以歌詞過於艱澀，將這首歌從中學的唱歌課本刪除，引起民間的抗議。

的確，《荒城之月》的詩詞，意境深奧，就如同其中所表露的「栄枯は移る 世のすがた」（人世枯榮與興亡，瞬息化滄桑）。這對於正值青澀、懵懂年紀的中學生而言，應該很難體會「繁華總是夢」的意境吧！

銀座康康女郎

有搭過銀座線地鐵在銀座站進出的旅客，是否察覺到列車發車時，月台會播放一首旋律輕快的奏曲《銀座カンカン娘（康康女郎）》。銀座線每一站的發車樂（發車メロディー）不同，而銀座站的發車樂意義特別深遠。

一般人可能不清楚《銀座康康女郎》這首歌，這是日本戰後不久的流行歌曲，曾熱賣超過四十二萬張的唱片。之後，電影公司趁著歌曲大賣，在同年推出《銀座康康女郎》同名電影。故事描寫兩個熱情、陽光的女孩，奮發向上，追求幸福的生活。

《銀座康康女郎》，其中的一段歌詞中譯如下：

那個康康女郎
是個可愛的姑娘啊
穿著紅短上衣、涼鞋
在銀座的街角不知等候誰
看著手錶、不安的微笑
這正是～銀座康康女郎

戰後美軍占領日本期間，出現不少爲討生活，而以美國大兵爲對象的賣春女郎，一般蔑稱「パンパンガール（PANPAN GIRL）」。「カンカン」是「生氣」的擬音詞，正是對這種「パンパン」

畸形社會，所懷抱的屈辱與不平的表現。

《銀座カンカン娘》這首歌，記錄昭和中期當時的部分社會現象。時隔半個世紀以來，在銀座站進出的旅客，當踏上月台，聽到這首輕快的發車前奏曲時，究竟有多少人知道這首曲子所代表的意義呢？

值得一提的，日本的車站發車音樂，最早從明治（一八七二）初年的新橋車站開始。演變至今日，不同路線、不同車站，都有屬於自己獨特的發車音樂。例如，東京上野公園是著名的賞櫻景點，上野車站就選森山直太郎的《櫻花（さくら）》做為發車音樂。千代田線乃木坂車站，則以「乃木坂46」成名曲《你的名字是希望》當作發車音樂。

昂首向前走

一九八五年八月十二日，一架從東京飛往大阪的日航班機，於起飛十幾分鐘後，在群馬縣高天原山的尾根（御巣鷹の尾根）上空墜毀，造成二五〇人死亡的大慘劇。乘客名單中，包括著名的歌手坂本九。

坂本九，神奈川縣川崎市人，本名大島九，在九人兄姐中排行老么，故取名「九」字。高中時首次登臺演唱日劇的「西城故事」，模仿貓王維肖維妙，開始嶄露頭角，步入歌手生涯。

一九六一年，坂本九在NHK的「今夜之歌」節目中，演唱《上を向いて歩こう（昂首向前行）》，一砲而紅。隔年，這首曲子以《SUKIYAKI（壽喜燒）》」歌名進軍海外。在美國奪下歌曲排行榜冠軍，創造百萬金曲紀錄。

上を向いて歩こう 涙がこぼれないように 思い出す 春の日 一人ぽっちの夜……

《昂首向前行》，旋律輕快優美，訴說孤獨男子在星夜下，強忍著眼淚，抬頭邁步向前走，聽起來令人鼻酸。而從另一個角度詮釋，男人有淚不輕彈，無論遭受任何打擊，也應該堅強挺住，化悲憤爲力量，勵志昂首闊步，勇敢向前行。

至於《昂首向前行》爲何以日式料理《壽喜燒》的譯名出現在歐美市場呢？據說，當初決定將歌曲引進英國的唱片公司老闆，來日本簽約時，日方招待赴淺草的「今半」本店享用「壽喜燒」料理，留下極爲深刻印象，因而採用這個與歌曲內容毫無關聯的料理名稱當作歌曲名。

幾年前的新年期間，突然心血來潮跑去「川崎大師」參拜，無意間在JR川崎車站前廣場，發現坂本九的歌碑，細看下才知道坂本九是川崎出身。我喜歡《昂首向前行》這首歌，於是信手寫下這篇短文以爲留念。

青葉城戀曲

我喜歡仙台，它的整體城市風貌，清爽、綠意盎然、機能健全，是日本少有的森林之都（杜の都）。仙台城是戰國大名伊達政宗所建造的，因位於仙台青葉山，又稱「青葉城」。青葉山東面斷崖下有廣瀨川，南有龍口峽谷，可以俯瞰整個仙台平原，乃天險之地，這或許是伊達政宗築城的原因吧。

在青葉山頂開闊處，有著名的兩座雕像。政宗頭戴半月頭盔、配刀跨馬英姿，凝視遠處的仙台平原，內心似乎仍抱負著無法一統天下的野望與遺憾。再往廣場的右方走去，是仙台詩人土井晚翠銅像及其所寫的「荒城之月」歌碑。土井以仙台城及會津若松城爲背景，寫下《荒城之月》，由滝瀧太郎譜曲，成了這首家喻戶曉的名曲。在這小廣場上，豎立了一位戰國武將，一位現代詩人，文武融合，似乎有意給世人傳達什麼啟示？

而在昭和五十三年，當地歌手佐藤宗幸也以《青葉城恋唄》出道、走紅，獲得日本唱片大賞，並首次登上紅白對抗賽。

佐藤宗幸唱紅《青葉城恋唄》時，經常可以從螢光幕上看到，他嘴邊蓄著小鬍子，抱著吉他，彈唱出淡淡哀傷的戀曲。對於當時正值大四生，在初嚐青澀愛情與面臨入伍徬徨不安的我們，戀曲中的每字、每句，都觸動了心靈的最深處。

佇立廣瀨川邊，河水奔流不停，往日回憶不再；看流水湍急，波光閃躍，映出妳的失神雙眸；

季節更迭，又是初夏，我回到岸邊徘徊；美麗的森林之城，水聲低吟，令人感懷，伊人今何在……

同期之櫻

朋友神戶大學M教授，知道我喜歡清酒，送我一瓶神戶「櫻正宗酒造」所釀製的「宮水の華」，並說了一段日本陸上、海上自衛隊不合的小插曲，在此分享給大家。

他說，神戶兩家著名的酒造，一爲「櫻正宗」，一爲「菊正宗」。有趣的是，日本陸上自衛隊與海上自衛隊傳統不合，連帶對清酒的喜好也不同。陸上自衛隊專喝「菊正宗」，海上自衛隊則偏愛「櫻正宗」。

M教授沒有進一步說明，爲何陸上自衛隊專喝菊正宗，而海上自衛隊偏愛櫻正宗呢？以下是我擅自推測。

二戰前，日本只有陸軍、海軍兩個軍種。陸軍一向自許是天皇的「近衛軍」，而皇室的家紋是菊花，所以陸軍獨衷菊花。

海軍以「同期の櫻」爲軍歌，曲調悲壯、感人，充滿著濃郁的「命運無常、花開霎那」的意味。你我就像同期之櫻，綻放於同一軍校的庭舍，懷著一開卽謝的覺悟，爲了祖國，從容散落吧……

在二戰末期，日本戰況節節敗退之際，海軍「神風特攻隊」就是在這首軍歌激勵下，抱持所謂的忠君愛國思想，人機一體，自殺式的衝撞盟軍艦艇，造成盟軍損失慘重，也讓人心生畏懼。

不知道海上自衛隊的偏愛櫻正宗，是仍殘存著「同期之櫻」的軍國主義思想？還是單純出於與陸上自衛隊不合的無聊、唱反調心態，最後演變成這種「菊櫻對決」的習俗呢？希望我的推測是多慮的。

瀨戶的新嫁娘

二〇一九年七月，日本藝能界發生一件大事，名作曲家平尾昌晃病逝。平尾昌晃生於一九三七年，本名平尾勇，高中沒畢業就加入樂團，曾在美軍營區俱樂部走唱。一九五八年以歌手身分進軍樂壇，一九六六年轉爲作曲家。

平尾昌晃譜寫過很多膾炙人口的歌曲，霧的摩周湖（布施明）、夜空（五木寬）、瀨戶的新嫁娘（小柳留美子），亞美利堅橋（山川豐）等，演唱者都因此獲得日本唱片大賞，並參加紅白歌唱大賽。

平尾還曾於一九七四年創立「平尾昌晃歌謠教室」，培育了許多有名的歌手，如：狩人、松田聖子、川崎麻世、森口博子、倖田來未、後藤眞希等人，可以說是音樂界的教父。

《瀨戶的新嫁娘》這首歌，是平尾於一九七二年寫成，交由小柳留美子演唱，當年大賣六十九萬張唱片，小柳並榮獲「日本歌謠大賞」，登上紅白歌唱大賽。

平尾於七月廿一日病逝，十月三十日在東京的「青山葬儀所」，舉行告別儀式。席間三十三位歌手大合唱《瀨戶の花嫁》，儼然是另一種形式的音樂葬禮。也由此可知，這首歌在平尾昌晃心目中的地位。

~瀨戶內海夕陽西落，海浪微波盪漾，我將嫁到你的島上，無論哪個年輕女子也會焦慮，但因爲有愛，心情也就坦然了~

這是《瀨戶新嫁娘》其中的一小段歌詞，將準備出嫁女兒忐忑不安的情緒及對新生活的期待，刻畫的入木三分，意味十足。

相較於鳳飛飛當年將它翻唱成國語歌曲《愛的禮物》，歌詞寫「有一份愛的禮物，我要把它送給你，那是我的一顆心，愛你情深永不移……」我覺得台灣翻譯的歌詞，未能充分掌握原曲的精髓內涵，也沒什麼特別意境表現，實在可惜。

貍之鄉

証証証城寺 証城寺の庭は ツツ月夜だ みんな出て 来い来い来い おいらの友達ア ぽんぽこぽんのぽん……

這一首家喻戶曉的日本童歌「証城寺の狸囃子」，相信老一輩台灣人，大都耳熟能詳（台灣好像翻唱：小白兔愛跳舞）。作詞者是野口雨情，作曲者是中山晉平。

野口雨情與北原白秋、西條八十，被譽爲近代日本童謠界的三大詩人。其中，野口雨情創作了許多膾炙人口的童謠詩作，如：シャボン玉、青い眼の人形、赤い靴，以及「証城寺の狸囃子」等。

野口雨情爲尋找童謠題材，一次走訪千葉縣木更津市，聽聞了當地「証城寺」貍囃子（歌謠）的傳說，乃將之寫成詩句在兒童雜誌「金星」發表。後來，作曲家中山晉平將歌詞譜成曲。歌曲交由平井英子唱紅，累積賣出十七萬枚唱片之多。

証城寺貍囃子故事的由來，相傳某一個秋天的夜晚，証城寺庭院跑來十幾隻貍，以自己腹部爲鼓，興高采烈地擊鼓跳舞。証城寺的和尚眼見如此，也拿出三味線彈唱。這下狐狸更不示弱，拼命敲打腹鼓唱歌，或許太過賣力，隔日狐狸竟然肚破而亡，和尚深感不捨，於是在寺院設塚予以埋葬供養。

故事的舞台，就是木更津市的淨土眞宗「護念山證誠寺」。我們是週日早上看電視旅遊節目介紹，臨時興起，花了近兩個鐘頭，轉了兩趟地鐵，再搭JR京葉線，才來到木更津的。出了木更津車站，發現到處都標誌著可愛造型的狸雕像，人孔蓋上也是狸像，十足是狸的都市。

順著站前的富士見通步行一小段，在弁天通左轉不到二百公尺，就是「證誠寺」。不起眼的小寺廟，只因野口雨情的童謠而聞名吧？在參觀寺內的童謠碑及狸塚拍照後，隨即前往木更津港品嚐海味。

木更津的名勝地除了「證誠寺」、「海ほたる」人工島外，就是位於中之島大橋旁的「戀人聖地」，雌雄一對恩愛的狸雕像，提供情侶最佳的照相景點。晴天時，清晰可見遙遠的富士山，爲彼此的愛情作見證。

男人真命苦

日本松竹電影從一九六九至一九九五年，連續推出了四十八部膾炙人口的喜劇電影《男はつらいよ》（男人眞命苦），創造了歷久不衰的電影票房，也塑造了主角渥美淸市井英雄的地位。催生這部電影的，正是名導演山田洋次。

山田洋次擔任《男人眞命苦》全劇四十八部作品的腳本及導演，每年在盂蘭盆節、元旦各上映一部。作品貫穿全國各地山川美景及人文風俗，帶動了文化振興與觀光的推展，意外創造了這系列電影的附加價值。

山田洋次擅長拍市井小人物的溫馨喜劇，《男人眞命苦》是第一部電影的片名，後來也成爲這部系列電影的總稱。第一部電影的劇情，就定調了系列作品的基調。

主人翁寅さん浪跡天涯，四處行俠仗義，當一段時日望鄉心切，想念妹妹さくら（諏訪櫻）時，就悄悄跑回故鄉柴又。然後又無厘頭式的興風作浪，惹出令人尷尬的笑話與麻煩，讓親人、鄰居傷透腦筋，周而復始。

全劇最大的特色是，每一齣戲都安排一位當紅的女星客串演出，在寅さん的旅途中邂逅，雖然對寅さん產生好感，但最後卻一直有眞命天子的出現，讓寅さん愛苗頓時消逝，阿Q式的再度離鄉，繼續四處漂泊。

山田洋次原本計畫推出第四十九部《男人眞命苦》，無奈主角渥美淸病故，結束這一部系列作品，讓人不甚唏噓。不過這部系列大作，也列入金氏世界記錄，為日本電影界創造了歷久彌新的偉大記錄。

渥美清演活了寅さん，山田洋次則演活了日本電影界，兩者的搭配渾然天成，可說是前無古人後無來者的絕配，也可能是日本電影史上的絕響。

我喜歡電影，也愛好舞臺劇，尤其喜歡吳念眞先生執導的《人間條件》系列（綠光劇團演創，一～六集），期待吳導也能為《人間條件》創造不朽的舞臺劇歷史。

東京愛情故事

疫情緩解，於是恢復午休散步的日課。經常午餐後在目黑站周邊漫步，也喜歡佇足白金棧道橋上，體驗橋下電車馭風而來的快意。

白金棧道橋是一座小小的人行步道橋，橋面下的拱型鐵架巧而美，運氣好的話，會遇到上下行駛的列車，在橋底下交會而過。

還記得《東京愛情故事》吧？莉香（鈴木保奈美）就是在這座橋上，大膽向完治（織田裕二）示愛，說出「我們做愛去吧！」這句經典的名句。

來自不同地方的四個年輕男女，在大都會裡命運式的相遇，然後發展出糾葛不清的東京愛情故事，無疑是平成年代最具代表性的愛情劇作。

《東京愛情故事》是由知名漫畫家柴門文的漫畫所改編的，一九九一年（平成三年）在富士電視台火紅演出時，我正好二派東京工作，有幸躬逢這場經典大戲。

前後時期還有一部日劇《一〇一次的求婚》，武田鐵矢與淺野溫子美女野獸組合，顛覆了美女一定配俊男的刻板戲路，也給普羅男士們，起了很大的鼓舞作用。

而《東京愛情故事》這部戲的主題曲《突如其來的愛情故事》，透過小田和正清亮乾淨的嗓聲，細膩的詮釋突如其來的愛情，更將這部戲劇的成就，推上最高峰。

亞美利堅橋

從JR山手線惠比壽站下車，直接穿過五百多公尺緩速的平面扶梯，一出來右側，就是藏青色的鐵製道路橋「惠比壽南橋」，就是俗稱的「亞美利堅橋」，橋下是山手線的鐵道。

亞美利堅橋是美國打造的，一九〇四年曾擺設在美國聖路易萬國博覽會陳展。明治時代，舊國鐵公司爲配合政府的富國強兵政策，從美國手中買下來運回日本。昭和元年，整座原橋就架設在現址。

當年，整座鐵橋從美國移植回日本，引起轟動。有作詞、作曲家分別爲它寫了二首歌，曲名都叫《亞美利堅橋》。一首是狩人主唱，一首是山川豐主唱（作詞：山口洋子、作曲：平尾昌晃）。

不同時期、不同曲風的這兩首同名歌曲，唯一相同是，都是描述與前愛人重逢、分手的故事。其中，山川豐主唱的《亞美利堅橋》較具大人味，歌詞中「刻意避開目光…玻璃窗的遠方…遙遠的…呼喚不回的青春」，唱來讓人內心激盪。

亞美利堅橋歷經二次整修，已非當年的原始風貌。巧合的是，狩人二重唱的《亞美利堅橋》是昭和五十四年的歌，山川豐的《亞美利堅橋》則是平成十年的歌，兩首歌的問世，相距二十年。山川豐因爲唱紅這首曲子，連續二年登場NHK紅白，紅遍一時。

惠比壽花園廣場，是一九八九年由老舊的「惠比壽啤酒廠」改造而成的，現已成惠比壽的新地標，也是熟男熟女約會的新天地。在每天人群熙攘穿梭中，大家似乎已經遺忘這座藏青色鐵橋「亞美利堅橋」的過往故事。

相逢不再有樂町

有樂町西臨皇居，東接銀座。江戶開府時，織田信長之弟織田有樂齋從德川家康手中取得數寄屋橋周邊土地，在此建立邸宅。明治時代重新行政區劃，乃以有樂町命名。

一九五七年大阪SOGO百貨在東京設分店，爲號召客源，仿效美國的《相逢拉斯維加斯》廣告，創造出《有樂町で逢いましょう》宣傳標語，委請專人譜曲，由法蘭克永井主唱。

在一連串宣傳下，SOGO開幕當天湧進三十萬人潮。《相逢有樂町》變成流行語，永井亦因這首歌一夕爆紅。永井是日本情境歌謠唱將，以獨特的低嗓音，在歌謠界留下永難磨滅的地位。

永井早年在美軍基地駐唱，一九五五年正式踏入歌壇。一九五七年唱紅《相逢有樂町》及《霧夜燈塔》，多次獲頒唱片大賞，並連續出場二十六回的紅白歌合賽，聲名歷久不衰。

永井晚年罹患憂鬱症，二〇〇八年肺炎病逝，享年七十六歲。永井最早以《相逢有樂町》走紅，最後一次參加紅白歌合賽，正是以這首《相逢有樂町》收場，冥冥中似乎已做好安排。

在戰後苦悶的年代，永井以低沉磁性嗓音，唱出社會底層的心聲，撫慰了多數人的心靈。而有樂町是當時的約會聖地，「相逢有樂町」更是大家耳熟能詳的通關密語。

隨著巨星的殞落，以及都市機能的變遷，年輕世代已不曉得「有樂町」這個地名所隱含的意義，令人不得不感慨，世代交替的快速與人情的冷暖。

花水木～依然想著妳

我住的白金台目黑通這一段，道路兩旁栽植整排的花水木。每當四月一到，櫻花開始飄落時，花水木就代之而起，以雪白純情姿態，引領風騷。

花水木原產地在北美洲（英文名Dogwood Flower），一九一二年東京都贈送三千棵染井吉野櫻給美國華盛頓特區，栽種於波多馬克河。隔三年，華盛頓特區當局以「花水木」回贈東京。美國送來花水木的木苗，白色四十株、粉紅二十株。當時就栽在東京日比谷公園及小石川植物園。至於花水木出現在白金台的目黑通上，應該是近十年的事吧。

與花水木結緣，要拜台裔歌手一青窈之賜。二〇一〇年，東寶電影推出新片《花水木》（譯名：依然想著妳；新垣結衣主演），由一青窈作詞、演唱成名的《花水木》電影主題曲。

北海道釧路的高中女生紗枝，與水產學校的康平邂逅相戀。紗枝畢業考上東京的大學，康平爲了家計當上漁夫。兩人在承受長期遠距戀愛之苦後，爲對方著想選擇放棄，十年後又在命運牽動下，再次相遇……。

電影主題曲演唱者一青窈，原名顏窈，是台灣基隆顏家的後代，年幼喪父，移居日本。母親一青和枝爲日本石川縣人。一青姐妹從小在日本長大，姐姐一青妙爲牙醫兼作家、演員。姐妹二人在日本享有高知名度，可以說是繼翁倩玉、歐陽菲菲之後的「台灣之光」。

潮騷

大三時，在台北「鴻儒堂」翻到三島由紀夫所寫的小說《潮騷》。花了近一個月，邊看邊查字典的情況下，讀完這本小說。當時雖然語文程度不夠，無法完整掌握文章的精髓，但也已經深受感染與感動。

三島由紀夫於一九五四年發表這部小說《潮騷》，榮獲第一屆新潮社文學獎，也是當年度最暢銷的小說。《潮騷》有五度搬上銀幕，其中第四部是由山口百惠、三浦友和金童玉女組合演出，最具代表性，也因此促成兩人婚緣，轟動一時。

《潮騷》描述一個窮苦漁村青年新治與富家船主千金初江相戀，遭到女方反對阻撓。新治不畏艱難，在一次颱風狂濤駭浪中，拯救了初江父親的船隻，終於贏得姻緣。小說強調男女主角之間，沒有猥褻的純愛，表現出三島所追求完美主義色彩的境界。

三島由紀夫本名平岡公威，是日本最重要的作家之一，曾三度獲得諾貝爾文學獎提名。惟晚年熱衷於政治活動，一九七〇年十一月廿五日，三島前往市谷防衛省，挾持自衛隊東部方面總監，於露臺發表《憂國》萬言書演說後，切腹自殺。

三島由紀夫的作品在西方亦享有極高評價，被譽為「日本海明威」。而三島在自衛隊的政變演說及自裁行動的新右翼思想，也對日本文學界及政治運動，產生強烈的影響。

湯島白梅

湯島「天滿宮」（湯島神社）位於東京都文京區，臨近東瀛首學的東京大學。社境小而莊嚴，遍植梅樹，奉祀日本學問之神菅原道眞，如同我們的文昌帝君。每逢考季，考生蜂湧前來參拜，祈求學業成就。以迴廊連結的正殿前方，祈願繪馬的掛架上，吊滿各式的「合格祈願」，期待神力加持金榜題名，蔚爲壯觀。

湯島也是明治大文豪泉鏡花《婦系圖》小說的舞台。日本東寶電影將小說改編成電影，敍述早瀨主稅與出身藝妓的お蔦二人，堅定不移的戀情。主題曲《湯島白梅》，大家耳熟能詳，台灣歌名譯爲《淚灑愛河橋》。

泉鏡花，本名泉鏡太郎，石川縣金沢市出身。明治廿二年上京，投入尾崎紅葉門下，其間提出一篇《鏡花水月》小說，獲尾崎肯定，以「鏡花」爲其命名。

鏡花三十一歲時，與藝妓桃太郎同居，遭尾崎紅葉反對而分手。俟尾崎病逝後，鏡花才正式與桃太郎結婚。一般認爲，桃太郎其實就是《婦系圖》中お蔦的原型。

泉鏡花因《婦系圖》奠定文壇中地位，昭和十四年肺腫瘤去世，享年六十六歲。遺體埋於東京雜司が谷靈園。或許是電影《湯島白梅》賣座的關係，世人在湯島神社內，爲泉鏡花建筆塚紀念。

現在有很多日本年輕人，在湯島神社祈願金榜題名，甚至舉行結婚儀式，不曉得他們是否清楚泉鏡花筆下《婦系圖》的悲戀故事呢？

麒麟來了

二〇一九年十一月十六日，女星沢尻エリカ因持有MDMA合成麻藥被捕，使得她參與的隔年NHK大河劇《麒麟がくる（麒麟來了）》，臨時換角，並延至一月十九日（原一月五日）首播。《麒麟來了》描述戰國初期，「本能寺之變」中，弑殺主公織田信長的智將「明智光秀」，充滿謎樣且波瀾起伏的一生。

戰國時代在日本歷史上，占有極爲重要的一頁。在這個時代，諸侯（大名）割據、群雄崛起、征伐不休，創造了一段可歌可泣的歷史。

戰國時代究竟從什麼時候起，衆說不一。一般指室町幕府中期所發生的「應仁之亂」（將軍繼承權之爭議）起，至「關原之戰」德川家康一統江山止，約一五〇年的亂世。

由於明智光秀所發動的「本能寺之變」，改變了戰國歷史，阻斷織田信長逐鹿中原的野望。然後，豐臣秀吉取而代之，最後並開起德川家康「江戶幕府」的盛世。

一直以來，史家對明智光秀的評價未定。部分人士甚至試圖重新給予定位，尤其對於光秀的弑主，亦多偏向於同情之心。但事實眞象如何？就留給史家繼續追查與考證。

國內的電玩迷、歷史迷，對於日本戰國時代的群雄爭霸，想必不會陌生。明年的《麒麟來了》，可能再度掀起一陣「戰國熱」。趁機會買些歷史讀本，重新複習一下戰國史！

淚光閃閃

這幾天無意間在網路上看到有人提到《淚光閃閃》這首歌，還說《淚光閃閃》是沖繩民謠。此人講的與事實稍有出入。

《淚光閃閃（涙そうそう）》是與沖繩毫無淵源的歌手森山良子塡詞，沖繩三人樂團BEGIN作曲，再由同爲沖繩籍的女歌手夏川里美主唱，一炮而紅成爲年度暢銷金曲。「涙そうそう（NaDa SoSo）」是沖繩當地語，意思是眼淚潸然流下。台灣將歌曲譯成《淚光閃閃》，我覺得符合信、達、雅，翻譯夠到位。

森山良子與BEGIN都是屬於創作型歌手，交情匪淺。森山向BEGIN索曲，BEGIN於是作了一首沖繩曲調、標示爲《涙そうそう》的Demo帶送回。

森山良子看了BEGIN的題名，想起其英年早逝的哥哥，頓生手足思念之情，於是一夜之間完成塡詞，這就是《涙そうそう》歌曲的由來。

森山及BEGIN都曾唱過這首歌，可惜成績不佳。直到夏川里美主動向BEGIN央求，由她來唱，終於大放異采，一舉拿下年度最佳歌唱獎、作詞獎、金獎三冠王。

當初BEGIN擔心夏川里美無法掌握歌曲的精髓，於是將森山良子寫詞紀念哥哥的事如實的傳達，讓夏川里美融入歌詞意境中，事實證明夏川里美做到了。

後來，電影公司趁勢推出以沖繩爲舞臺的同名電影《淚光閃閃》，分別找妻夫木聰與長澤雅美，擔綱男女主角。電影亦相當賣座，票房突破三十億日圓。

可能是這首歌的沖繩特殊曲調，加上電影的宣傳效果，所以一般人誤以爲《淚光閃閃》是沖繩名謠。比較正確的說法，《淚光閃閃》是頗具沖繩風味的歌謠。

有趣的是，森山與BEGIN都是極爲出色的歌手，他們分別唱自己所寫的歌，反而得不到迴響。最後卻由夏川里美意外唱紅，只能說夏川里美與《涙そうそう》這首歌有緣吧！

港都藍調

民國五十九年，雲州大儒俠史艷文華麗登場，全台大沸騰。每天布袋戲時段一到，幾乎萬人空巷，大家端坐電視機前，忘我的捲入史豔文與藏鏡人的江湖恩仇。

有風流倜儻的男角，就有風姿綽約的女角搭配，苦海女神龍於是出現——

無情的太陽，可恨的沙漠，迫阮滿身的汗流甲濕糊糊，拖著沉重的腳步，要走千里路途，阮為何，為何淪落江湖，為何命這薄……（第一段）

這首原名《為何命如此》的台語歌曲，正是苦海女神龍的代表曲（因為苦海女神龍爆紅，曲名隨之改為《苦海女神龍》）。苦海女神龍是西域韃靼國公主，來中原後取名苦海女神龍，後與史艷文邂逅，協助史豔文掃敵鋤奸，還成了史豔文的偏房。

其實《苦海女神龍》是改編自日語歌曲《港町ブルース（港都藍調）》，描述一個苦命女子，為討生活，踏遍全國各港口，每每為薄情男人所負，而一路怨嘆、泣訴自己的淒慘遭遇。

拉長身子眺望著海峽，汽笛聲也逐漸遠飄，請還給我陪伴你的那些夜晚，港都啊！函館港，此時此刻在陣雨中……（第一段）

《港都藍調》共有六段歌詞，依照歌詞的段落，從北海道的函館一路南下，經宮古、氣仙沼、三崎、燒津、御前崎、高松、八幡浜、長崎、枕崎，最後在鹿兒島港結束飄泊之旅，途經十四個大小漁港。

其中有個小插曲，森進一唱第四段歌詞時，將愛媛的八幡浜（やわたはま），唱成「やはたはま」，後續的歌手也將錯就錯跟唱。或許大家認爲不過是一首流行歌曲，就睜一眼、閉一眼，尤其愛媛人也無任何異議聲音。

黃俊雄挑《港都藍調》原曲，寫出《苦海女神龍》詞句，就調性而言還算契合，因此更推促了苦海女神龍的爆紅，不得不佩服大師的洞察力。想必他在下筆時，也仔細研究過《港都藍調》的內涵吧？

不過，日語原曲《港都藍調》除了歌曲好聽外，透過女角的引領，巧妙帶出全國十四個漁港，爲這些漁港增加曝光度，是意外的附加價値。我覺得原作寫詞的技巧別樹一格，與台版《苦海女神龍》相比，格局大不同。

失樂園

根據調查，一九九〇年代以後，日本作家的作品，在中國被翻譯成中文的，以村上春樹及渡辺淳一最多。渡辺淳一，北海道人，札幌醫科大學醫學博士。曾在母校擔任講師，同時執筆寫文章，一九六九年棄醫從文，成爲專業作家。

渡辺一共寫了五十幾部長篇小說，還有許多歷史傳記、隨筆等等。比較著名的長篇小說有：ひとひらの雪（一片雪）、化身、失樂園、愛の流刑地。這些情慾小說都以原名改編成電影，電影中細膩刻劃出男女之間不倫炙熱的性愛場面，還有曲折的內心糾葛，令人印象深刻，每一部電影都十分賣座。

尤其是，《失樂園》曾在《日本經濟新聞》連載，「講談社」也出版單行本，發行超過三百多萬冊。「東映」電影公司及「日本電視台」，分別於一九九七年拍成電影、電視，引起社會巨大的迴響及熱潮，「失樂園」也成了當代的流行語，不倫戀的代名詞。

在婚姻中得不到丈夫關愛的美女書法家松原凛子，邂逅了五十多歲在出版社上班的久木祥一郎，兩人產生婚外情，陷入無法自拔的境界。事情曝光後，凛子丈夫以不離婚做爲報復，久木太太選擇離婚。故事結局，凛子與久木在下雪的溫泉旅館（小說是在凛子父親的別墅）雙雙服毒，在性愛的高潮中殉情，以示永不分離。

電影版的《失樂園》，由役所広司、黑木瞳主演，電視版由古谷一行、川島なお美（已因膽管癌病逝）擔綱。我個人比較喜歡黑木瞳與役所広司的組合。黑木瞳是「寶塚」出身的美女，深受男性喜愛（黑木瞳因本片獲日本電影金像獎最佳女主角），而役所広司在扮相上，似乎比古谷一行還要適合。

渡辺淳一於二〇一四年攝護腺癌病逝，享年八十歲。渡辺生前曾獲新潮同人雜誌賞、直木賞、吉川英治文學賞、文藝春秋讀者賞（兩次）、菊池寬賞等，在文壇上有一定的地位，同時他也被稱爲「情色大師」，又頂著醫學博士的頭銜，算是日本文壇中的奇才。

黃昏的故鄉

昨晚無意間聽到文夏的《黃昏的故鄉》—叫著我，叫著我，黃昏的故鄉不時地叫我……。相信三、四年級生，都知道這首歌吧！

早年戒嚴時期，一些留滯海外，無法返鄉的異議人士，每次聚會一定含淚吟唱這首歌，甚至私下還稱這首歌爲台獨的「國歌」。

其實這首歌是日本的歌謠《赤い夕陽の故鄉》（直譯：紅紅夕陽的故鄉），所改編的：

呼んでいる 呼んでいる 赤い夕陽の 故鄉がうらぶれの　旅をゆく 渡り鳥を呼んでいる……

戰後的昭和三十年代，日本經濟逐步復甦，多數人離鄉背井，湧進大都會討生活，所謂的「望鄉」歌謠，因此應運而生。

《赤い夕陽の故鄉》正是這類歌謠的代表，三橋美智也以帶著滄桑的高嗓音，唱出遊子濃濃的鄉愁，聽起來特別催人眼淚。

三橋唱過十幾首百萬金曲，其中一首《おさらば東京（再會啊東京）》更是紅透半邊天。台語歌名爲《心所愛的人》，也是文夏作的詞，十分動聽的好歌。（國語歌名：兩相依）

《赤い夕陽の故鄉》唱片銷售成績不錯，但並非三橋最暢銷的歌曲。不過歌曲在台灣引起多數人共鳴，一度被當時的政府列爲禁歌。單純的望鄉歌謠，意外的被捲入複雜的政治事件，恐怕連三橋美智也自己都沒想到吧？

第四篇
酒話連篇

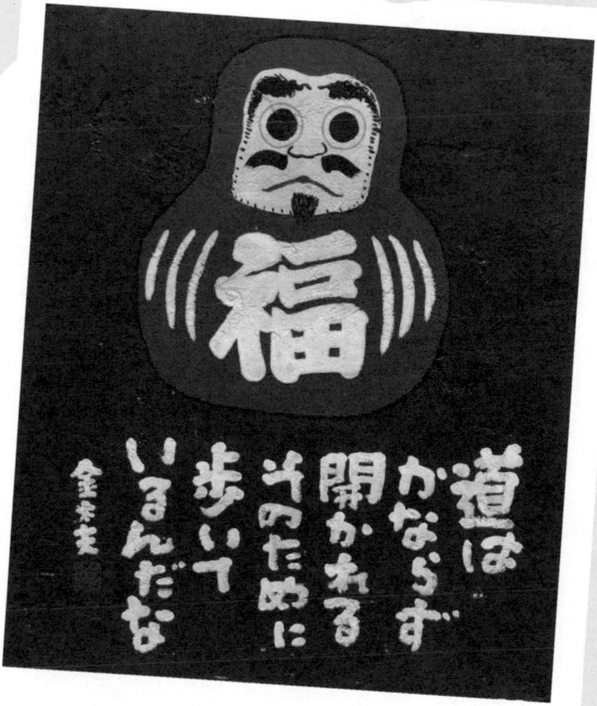
福
道は
かならず
開かれる
そのために
歩いて
いるんだな

酒話連篇（一）

前幾天大樓櫃台通知領包裹，原來是前公關部門同事，送來二瓶久保田大吟釀，祝賀我生日。

他是少數知道我過農曆生日的朋友，即使我人在國外，或者已離開公職，每逢生日從不忘祝賀。我們在公關部門共事雖然才一年多的時間，卻共飲了不少酒、共醉了不少次，培養出深厚的革命感情。

我主管過公關與國際兩部門，兩者工作性質有些雷同，都因業務需要而應酬，只是對象不同而已。我私下開玩笑說：「我幫國際部同仁取名叫Jack Wilson（接客維生）；公關部門就取名George Wilson（交際維生）。」

很多同事常問我，對國際部門與公關部門的喝酒文化，有什麼不同的體會？

用一句成語回答：公關部門對象是國人，喝酒是「酒逢知己千杯少」；國際部門的對象是外國人，喝酒是「酒逢千杯知己少」。

酒不是什麼好的東西，但在社交活動上，卻是一種最好的媒介與助燃劑。來來來，乾了這杯再說吧！

酒話連篇（二）

當年公關應酬，我都會半開玩笑的跟同仁說：公家出錢我出胃，一切爲了本單位。走吧！喝死活該。

有一次接近中午，跑立院的同仁電話回報，某位立委在立院的康園請客，希望我能過去打個招呼。當時我剛上任不久，爲打好人脈關係，接完電話卽驅車前往。康園現場席開三桌，都是立委地方上的樁腳。

先向立委寒暄致意後，空著肚子，二話不說，遶三桌，逐一敬酒。待回到主桌時，已有點恍神。主桌的貴賓有立委及前立委，都是初次見面。爲求於最短時間內建立情誼，今天就豁出去了。

席間，前立委頻頻勸酒。他看起來就比我年長，但爲了製造氣氛，我當下與他打賭，誰年輕就喝掉桌上的大公杯高粱酒。

然後，在衆人的見證下，我們同時出示身分證。好巧，我年輕一天！結局不用說，當天我怎麼回辦公室的？我也不淸楚。

這是我公關生涯中，最慘烈、最難忘的一次拼酒，回想起來，一身冷汗。應驗我自己的玩笑話：喝死活該！

酒話連篇（三）

有聽我講過三總、榮總的故事嗎？我的酒語錄中，三總指的是三種酒，榮總是指台語的「攏總」（全部）的意思。

有一年夏天，趁著立法院休會期，我們南下中彰投地區，禮貌拜會幾位選區立委，並進行餐會聯誼。

其中一位立委是出名的酒豪，我們深恐晚宴可能會拼酒，所以選擇午宴。哪曉得地方鄉親實在熱情，單純的一桌變成了流水席。

酒席上至少擺了七、八種酒，甫坐定，我禮貌的請問委員想喝哪一種酒？委員回答：主隨客便（名義上對方請客），看主任怎麼喝啊！

我立馬指著桌前的酒說：要嘛就三總，不然就榮總（攏總）。委員愣了一下，馬上意會過來，哈哈大笑！

然後，午宴就在「三總」與「榮總」聲中，慘烈的展開，而地方樁腳也前仆後繼出現，名片接不完，酒也喝不完，名符其實的賓主盡「翻」。

最後，店家自釀的荔枝酒，是壓倒大家的最後一根稻草。離開餐廳，我們車內人手一個塑膠袋，有幾位同仁一路吐到高鐵站。這就是三總與榮總的故事！

酒話連篇（四）

我有一個自創的阿拉伯數字一二三四五公關工作守則，一直以來，奉爲圭臬，並貫徹實踐。

一是「一張嘴」：要博學、能言善道，看場合、視對象，盡力打動對方的心，爭取對方支持。

二是「兩條腿」：要勤跑、肯做，寧願我就人而不是人就我，讓對方感受到你的誠意。

三是「三杯黃湯」：酒是打開心防的助燃劑，小酒可以增進彼此感情，大酒則能建立革命感情，屢試不爽。

四是「四（適）時送禮」：禮要送的適時、適切與溫馨。送禮是一門大學問，前提是，必須事先掌握對方的喜好與禁忌。

五是「無（音）往不利」：有前四項的基礎，一枝草一點露，腳踏實地去做。精誠所至，金石絕對開。

一般人認爲，公關不過是吃吃喝喝的工作。我的體驗：公關「知易行難」，光鮮的外表下，有不爲人知的艱苦與心酸。

曾經，有一位女立委對我們提出的解釋就是不滿意，一怒之下，把我們單位的預算書，狠甩在地上。

在彎下腰，撿起預算書的那一刻，恥辱與心酸，湧上心頭。

酒話連篇（五）

喜歡日本酒的國人越來越多，相信有不少國人都曾遇過這樣的困擾吧？在逛百貨公司、免稅商店或酒莊時，會被擺在架上琳瑯滿目、價格不一的日本酒，搞得頭昏腦漲，遲遲無法下手。

一般擺在架上的酒，大致分爲清酒（日本酒）與燒酒（日文：焼酎）兩類。想要買酒時，首先要分清楚，哪一類是日本酒，哪一類是燒酒。

簡言之，日本酒是用米釀製的，屬釀造酒，濃度約十五至十六度。燒酒是用麥、地瓜、馬鈴薯等作物蒸餾而成的，屬於蒸餾酒，濃度約廿五度左右。

日本酒喝起來甘甜，燒酒喝起來相對嗆辣。同樣的容量，日本酒價格比燒酒約貴二倍。國人一般買的大都是日本酒。

有些人經常被清酒、日本酒的稱呼，搞得糊裡糊塗。其實清酒就是日本酒，也就是SAKE。「清酒」只是酒稅中的特定名稱，平常不使用。

在日本的料理店或居酒屋點酒時，如果你講SEISHOU（清酒），店員可能會聽不懂，一下子愣住。這時候，只要說日本酒（NIHONSHU）或SAKE就好了。

判別日本酒等級的指標，在於「精米步合」。精米步合五〇％以下爲大吟釀級，六〇％以下爲吟釀級，例如，獺祭二割三（二三）、三九、四五、五〇，都屬大吟釀級酒。

此外，日本酒區分純米（只加米麴）及本釀造二系列各四級數。其中，本釀造是有添加少量食用酒精成分。

相同品牌、相同容量，如：八海山最低的「本釀造」與最高的「純米大吟釀」兩者價格，相差約一半以上。

總之，除獺祭、十四代、八海山、久保田等，大家耳熟能詳的銘酒外，想嘗試採購其他牌子的酒時，請看清楚瓶上標籤的標示後再出手，才不致花冤枉錢。

酒話連篇（六）

酒と女は二合まで。這句話大意是：清酒一次喝二合最適當，就像愛人一樣，一個就足夠。這是一位日本議員跟我說的。日語的二合，發音為NI-Gou，諧音與愛人（俗稱：二號）相同。在居酒屋或料理店喝酒，一般都先來啤酒後，再依個人喜好點清酒或燒酒，有時後還會以「水割」威士忌做ending。

或許燒酒比較便宜的關係，喝燒酒時，只須點品牌名稱，店家會直接送來整瓶燒酒。燒酒一般加梅子、檸檬，對熱開水喝。

清酒則從一合或二合點起，一合一八〇ml，一瓶七二〇ml的清酒，相當於四合。一公升裝的清酒（俗稱：一升瓶）為十合。

燒酒用普通的玻璃杯喝，清酒則有專用的容器（德利）與酒杯（豬口）。大吟釀級的清酒，大都冰鎮或常溫喝；純米酒或本釀造級，可溫熱再喝。

我一向從二合點起，對於清酒為何以二合為宜？日本人給的答案是：喝二合清酒的量，不致於構成「酒駕」。至於日本社會對於政治家或企業家擁有「二号さん（愛人）」，基本上採取寬鬆態度，不會過於苛責。

「酒と女は二合まで」，不曉得是誰創造了這句清酒格言，似乎有觸犯兩性平權的大男人沙文主義之嫌。

酒話連篇（七）

日本人喜歡中華料理，喜歡紹興酒。對他們而言，吃中華料理當然要喝紹興，二者關係是緊密不可分割的。

剛赴任來日本的同仁，對於宴會喝紹興酒，總是面有難色，格格不入。因爲在台灣幾乎沒有人喝紹興了。

我們對口單位的中川長官不但是清酒的達人，也是紹興酒的鐵粉。我們雙方約定，他請日料喝清酒，我請中華就喝紹興。

在台灣喝紹興，一般是溫熱後加話梅，日本人喝紹興，則分別放薑絲、糖或檸檬片，甚至加入冰塊，台日大不同。

有一次，我在赤阪的四川飯店請中川長官喝珍藏的陳紹。我推薦溫熱加話梅，中川長官則建議加冰塊，初試果然味道不錯。

中川長官是檢察官出身，紹興的日語發音與「證據」相同。當天我就以「証拠が残らない」（不留下證據），邀請中川長官共飲而盡。

中川長官讚嘆我的天才創意，這句名言也在日本官廳間廣被流傳。從此「讓我們一起湮滅證據吧」，成了我們喝紹興的通關密語。

酒話連篇（八）

關於紹興酒的趣事，還有一件值得回憶的。某單位主管人事異動，我在日比谷聘珍樓設宴歡迎，恆例準備了紹興、高粱及葛瑪蘭威士忌。

新主管福本先生活潑、健談，長年在艦上工作，酒量不錯。他未曾訪台，但對紹興酒不陌生，高粱、葛瑪蘭則是初體驗。

福本先生五十歲，剛再婚不久，年前妻子爲他產下一子，取名航太（CO-TA），名字發想於他服務的單位。

我與他們單位交往十餘年，有不少共同的友人，所以宴席上氣氛特別熱絡。酒酣耳熱之際，話題集中在福本先生老來得子的事。

我建議福本先生每天喝高粱，包準再締佳績。第二胎取名高粱（KO-LIANG，日語音：LIANG有「二」的意思），接續長子KO-TA名，兼代表台日友好。

福本先生被逗得大笑說：萬一是女生怎辦？我立馬回說：女生就取祥子（SHO-KO）。「祥子」與「紹興」同音。

福本先生當場噴笑，二話不說，舉起面前的高粱，一飲而盡，然後全場賓客大爆笑。反正就是逼他愛台灣啦！

酒話連篇（九）

駐日期間，主持過不下一百場的大小酒席。大至料亭小至一般居酒屋。而我們的對口單位，不乏酒國英雄，幾乎場場是硬仗，記憶深刻。

在宴會前，我通常會請同仁蒐集主賓的基資，包括：出身地、學經歷、嗜好及家庭背景，作爲酒席的談話參考。

某對口首長岩崎先生爲岩手人。岩手屬東北偏鄉，民風淳樸；惟在明治、昭和初期曾孕育出石川啄木、宮澤賢治二位大文豪。

當天宴席，就以明治、昭和的文壇故事開場。我說，岩手縣山川壯麗、地靈人傑。最令人驕傲的是，近代史上曾出過石川、宮澤二位大文豪。

此言一出，說中岩崎長官的心坎，他立卽開懷舉杯回敬。當然，酒席忌諱單一、枯燥話題，小聊片刻，接著改以岩手銘酒「南部美人」切入，炒熱氣氛。

我引宮澤賢治「無懼風雨」詩：不要輸給雨、不要輸給風…加上自創的「也不要輸給酒」，邀請大家一起乾杯。岩崎長官連聲喊讚，並一飲而盡杯中酒。

爲了讓岩崎長官加深印象，在宴會結束前，我淸唱一段石川啄木「一握之沙」中的「初戀」（砂山の砂に　砂にはらばい　初恋の痛みを…）詩歌，向岩崎長官致意。全場鼓掌，算是圓滿的晚宴。

後記：岩崎長官知道我喜歡他們故鄉的「南部美人」吟釀酒，往後每逢餐會，一定帶各款「南部美人」吟釀酒當伴手禮。

酒話連篇（十）

餐廳的挑選，決定宴客的成功與否。我們經常使用的中華料理餐館有十幾家；至於港式飲茶，則以東京代官山的「美味」飲茶酒樓爲主。

「美味」是旅日歌手歐陽菲菲胞妹歐陽蓓蓓經營的餐廳。料理頗爲道地、價位適中，尤其菲菲的名氣加持，生意向來不錯。我跟蓓蓓認識多年，是「美味」的常客。

有一次，我們在「美味」宴請Y司長。Y司長是菲菲迷，晚宴聊天圍繞著菲菲的成名曲「Love is over（逝去的愛）」等話題。

酒宴當中，蓓蓓進來通知說歐陽菲菲正好來店用餐，我立卽陪Y司長前去致意。菲菲熱情的與司長握手寒暄，還致贈親簽的「Love is over」CD唱片。我打趣的說，菲菲唱Love is over，但我們關係是Love is beginning，台日關係更是Love is forever。菲菲、Y司長及在場人士都鼓掌叫好。

回到包廂，Y司長興奮的與大家連乾好幾杯。他說，能見到自己喜歡的歌手還獲贈CD，是一件値得驕傲的大事，以後他可以向家人及朋友炫耀了。

當天Y司長喝了精釀陳紹、金門高粱，品嚐了美味的飲茶小料理，而且意外的見到崇拜多年的偶像，氣氛可以說是達到最高潮。

至於菲菲當晚的出現，其實是我們精心設計的。溫馨安排的一場餐會，加深了雙方情誼，而「美味」也幫忙做了一次成功的國民外交。

酒話連篇（十一）

在接觸過的友方首長當中，令我印象最深刻的就屬M長官了。M長官個性爽朗、精力旺盛，重感情，全身散發關西人特有的熱情與氣質。

他經常在午後沒事時，約我去赤阪「全日空飯店」喝啤酒，每次至少三、四杯，喝完又回去辦公室辦公，我都隨傳隨到，但最多撐三杯。

有一次M長官提議二加二晚宴，第一攤我方安排，「二次會」他帶我們去一間政要、演藝圈常去的私密俱樂部唱卡拉OK。（眞令人心生遐思）

爲了二次會順路，我們在西麻布的「權八」晚餐。M長官於席間不斷催促大家吃快點，更加催化了大家對二次會的好奇與興致。

餐會匆匆結束，M長官帶我們越過馬路，進入靜巷內一處不起眼的民宅。按電鈴，男服務生應門後，引衆人穿過小客廳，此時廊道的書櫃自動開啟，原來後方有密室包廂。

魚貫入座。心想等一下應該還有其他人會進來吧？於是大家刻意隔開坐，各據一方。M長官點好酒、小菜後說，你們稍等等，然後起身離開。（奇怪的舉動）

幾分鐘後，一位穿和服的老媽媽桑推門進來打招呼，抬頭一看，咦！這不是M長官嗎？他笑笑湊到我們旁邊倒酒，並說等一下你們也要去換衣服喔。哈哈！原來如此。

恭敬不如從命，大家只好陸續到隔壁換裝。N部長變身金髮、迷你窄裙小姐，我方Wu桑換了某

爆紅搞笑藝人的招牌（敞胸皮衣、皮褲）扮相，我的極限止於志村健的「だいじょうぶだ」裝。

遐思破滅！大家從原先有所圖的維持間距，慢慢斷念的靠在一起。當晚就一直唱歌到近十二點。哈哈！這是我縱橫日本酒場多年來的初體驗，一輩子難忘。

酒話連篇（十二）

日本有一句諺語「郷に入っては郷に従え」，意思是「入境隨俗」。我們的應酬一般都配合當地的飲酒習慣。

日本人在酒席開動時，大家會先以啤酒乾杯，之後就按自己的步調，自由自在的喝，不須再相互碰杯。

當然，如果是我方主催的餐會，又是中華料理，我們就享有主場優勢，藉著介紹台灣「打通關」模式，不停的炒熱氣氛。

我們巧妙套用JR山手線車行方向，進行通關，以上座的主賓爲東京車站，先向主賓請令，然後內迴敬一圈，外迴敬一圈，最後走中央線向主賓繳令。

有時候，我們會事先選定其中最強勁的對手，誇他是新宿車站，出入旅客多，一次敬個二、三杯。整個晚上就這樣玩敬酒遊戲，氣氛嗨到不行。

山手線的敬酒模式，在各官廳之間自然傳開。他們覺得台灣的外交人員很有意思，連山手線都可以拿來當做勸酒的工具。哈哈哈！

酒話連篇（十三）

因工作需要，有一次我們邀某日本民間社團餐敍。對方來了六位高階幹部，其中一名鈴木小姐。當時正值李登輝前總統發表釣魚台是日本領土的言論後約半年左右，酒過三巡，自然觸及到這個話題。

鈴木小姐突然半開玩笑問：顧問，請你說說釣魚台是誰的？我愣了一下，舉杯答覆：喝了這杯再說吧！

我知道鈴木小姐是半開玩笑問，但爭執釣魚台是台灣的，餐會氣氛搞砸，回答是日本的，我們就失去立場。

腦筋一閃，我也笑笑的回答：釣魚台是我們的，但我是妳的。鈴木小姐漲紅著臉揮手說：いやです（不要）！頓時全桌大爆笑。

哈！不要？那表示連釣魚台也不要囉。（至少我們的理解）。

餐會結束回家路上，同事說：顧問反應眞快，鈴木（Suzuki）今天眞的「輸輸去」了。

回想起來，自己也不曉得，當時怎會有如此神來的一句。也還好是非官方餐會！

酒話連篇（十四）

二〇一七年秋，公務生涯最後一次出使東京。在友方爲我舉行的歡迎餐會上，第一次品飲到高知的「醉鯨」純米吟釀。

當天，餐宴特別選在銀座「長宗我部」土佐料理店舉行。土佐就是現今四國的高知縣。一問之下，原來友方N長官在高知當過檢察官，對當地情有獨鍾。略帶淡麗果香的「醉鯨」吟釀，配上藁焼き（稻草燒）鰹魚及皿鉢（大盤）料理，簡直天作之合。N長官說這是土佐傳統的漁夫料理。

醉鯨名號源自戰國時代，土佐藩主山內容堂雅號「鯨海醉侯」。據說，山內家後代甚至同意將家紋的「三葉柏」，提供醉鯨酒造當做註冊商標。

說到土佐，土佐原是長宗我部氏領地，關原之戰長宗我部投靠西軍，兵敗被德川家康沒收領地，改封給山內氏。原來「長宗我部」是土佐舊藩主的姓氏。

至於「醉鯨」取名來自「像悠遊大洋的鯨魚，大口喝水」發想。高知濱太平洋，當地人以討海爲生，個性豪爽、達觀，自認喝酒應如鯨魚，大口豪飲，是日本的酒國英雄之地。

N長官是出了名的「清酒通」，我們也因清酒結下濃厚的情誼。在我鍥而不捨、費心安排下，N長官突破日本官方禁忌，率團訪台，完成了六十年來首次雙方高層互訪。

酒話連篇（十五）

最近台劇「華燈初上」在Netflix上線，引發觀賞熱潮，「條通文化」再度喚起大家討論。回憶以前在東京工作時，我們也常於餐會後，應賓客要求去續攤（二次會）喝酒、唱歌，二次會對日本人而言，是稀鬆平常的事。

新宿、赤阪及銀座等三地，爲東京「條通」式酒店的聖地。新宿因環境複雜較爲複雜，我們盡量避開。

其實，日本酒店（クラブ）小姐只陪客人聊天、喝酒或唱歌，比起台北酒店的內容花樣，相對單純許多。

我們固定去有台灣媽媽桑的店，一則自己同胞配合度高，一則價格比較便宜（日本的酒店按人頭收費，一般一人二萬日幣，我們一萬五，開酒另計）。

至於店小姐屬八國聯軍，最多的是大陸小姐，其次是東南亞，少數爲日本及台灣，以兼職占大多數。

我們戲稱酒店的暗號是「圖書館」，年輕女孩較多的店是現代文學館，年齡稍大的店是古典文學館。

只要有續攤的時候，就直接問賓客：今天要去圖書館嗎？是現代文學，還是古典文學呢？

酒話連篇（十六）

日文跟中文一樣，有許多趣味的雙關語ダジャレ（Dajare）。我蠻經常使用ダジャレ的，這也是我縱橫日本酒場有利的武器。

二〇一七年底，時隔多年，我再度披掛上陣赴東京服務。幾位熟識的僑界朋友，在我酒友張老闆經營的丸之內Triple one餐廳，設宴為我接風。

記得，當天第一道菜上鰤魚（ブリ，buri）沙西米冷盤。僑界大老詹會長大概想吃鮪魚，開玩笑問道：咦，怎麼不是鮪魚（トロ，toro）呢？

我理解詹會長，他覺得鮪魚更能襯托菜色，盡代客之道。張老闆解釋：吃吃看啦。今天的ブリ特別鮮美喔！（的確如張老闆所說，肉質肥美、好吃）

氣氛稍稍冷了一下。我見狀立馬舉杯笑著說：我們老朋友幾年沒見，今晚的第一道菜，當然要ブリ，お久しぶり（O Hisashi buri，好久不見！）

詹會長及席上幾位僑領，頓時臉上笑開懷，異口同聲說：不愧是顏顧問！詮釋的太好了。來來來，大家為幾年沒見的老朋友乾一杯吧。

與僑界餐敍，國、台、日語交雜插科打諢，輕鬆許多。而喝酒講求氣氛，靈活有趣的ダジャレ妙語，有時更能催化場面的熱絡，屢試不爽。

酒話連篇（十七）

外賓接待是我們國際合作重要工作的一環，我擔任國際處長任內，平均每月至少接待四至五批外賓。

爲做好接待，我們平常就與飯店、餐館保持良好關係。每年春秋兩季，會不定期與各飯店訂房、餐飲部門餐敍，以連絡感情。

餐會的座次安排是一門學問，通常主桌以君悅、國賓、晶華及老爺等常用的五星級飯店爲主，其餘論資排輩。有一次，禮賓組將「老爺」龍經理排錯位子。

我一到現場發現不對，趕緊賠不是：龍經理！對不起。我們不能坐一起，怕被誤認我們是「龍巖（顏）集團」的。現場所有人哈哈大笑，算是順利開場。

一般飯店住房或餐飲部門的主管，淸一色爲女性，拼酒行不通。宴席除聊聊各國風情、職場趣談外，特別祭出秘密武器，由禮賓組長餘興表演魔術。

賓客沒想到會有魔術的助興，魔術也還算專業，大家看得出神。其中一位主管笑著問：貴單位也招募這樣的幹部喔？

我笑笑回答：我們多半是筆試進來的，唯有禮賓組長是「體保生」，他是靠變魔術保送進來的。在場賓客一陣哄堂大笑。

酒話連篇（十八）

不曉得誰發明「乾杯」這東西，從古至今，代代相傳，永遠是酒宴中最核心的價值。為了接待外國賓客，我平常會蒐集各國「乾杯」的用語，然後譯成諧音，容易懂更容易記。有趣的發現，諧音的乾杯，都是令人驚悚的字眼。譬如台灣是「肝悲」，日本是「肝敗」。此外，西語乾杯是「殺戮」，葡語則叫「殺無懼」，不勝枚舉。而顧名思義，乾杯帶來的後果，眞的是不好。

有一次酒宴，美國客人問：台灣的乾杯怎麼說？我回答：正式場合使用國語的「肝悲」，一般則用「呼搭啦」，台語俗又有力。

美國人不太會發「呼搭啦」的音，我現場教學：想喝一整杯，就Four dollar。哈哈，美國人一聽就懂。

當晚酒席，Four dollar聲，此起彼落。一場餐會下來，雙方起碼花了好幾百塊的美金。

酒話連篇（十九）

臉書跳出來二〇一九年今天的發文，讓我突然好想念福井的地酒，特別是「梵」、「黑龍」與「白龍」這幾款。

我與福井地酒的邂逅，是託友方N長官之福。他在赤阪的料亭請客，當天就以家鄉的「黑龍」款待我。這款「黑龍」是日本最上等「山田錦」酒米釀製，濃度十六至十七度，精米步合四〇%純米大吟釀，來自黑龍酒造，淺嚐一口，驚為天人。

N長官席間一直自豪，他家鄉福井的風土與銘酒。他還講了一段小故事：外界都以為「越光米」是新潟產，其實原生種為福井米。

N長官說，新潟人從福井帶回越光米大量栽種，藉地利之便，推廣宣傳，搶了先機與商機，無形中「越光米」就變成新潟米。

對此，福井人感情上，一直不爽新潟人。而據我所知，傳統上，福井、富山、石川三縣，都排斥新潟，不承認新潟屬北陸地區。

福井縣古時候是越前國及若狹國領地。所以要分辨福井酒，只要看到標示「越前」或「若狹」字樣的酒，就是福井酒。

拜北陸新幹線的開通之賜，福井地酒逐步打開全日本市場。福井酒真是隱藏版美酒，我覺得不輸新潟酒（如：久保田、八海山、越乃寒梅……）。

酒話連篇（廿〇）

我喜歡秋田「秀吉酒造」的這支「酒王秀よし（酒王秀吉）」，燙金葫蘆瓷瓶，外觀亮麗、高貴，品飲或擺飾兩相宜。這是幾年前我帶隊去日本開會，友方首長贈送的禮品。

金色葫蘆《酒王秀吉》一升罈，為「秀吉酒造」的看板商品。等級屬於本釀造酒，精米度六五%，酒液中添加少許金箔以示喜氣。至於酒的口感如何？東北的地酒品質一向優秀。

金葫蘆造型的由來，一說豐臣秀吉早年追隨織田信長，因屢有戰功，受破例擢升，賜予葫蘆的「馬印」軍旗。其後每立一次功，秀吉就在馬印上增加一個葫蘆，因而被譽為「千成瓢簞（葫蘆）」。

友方知道我喜歡清酒，同時也是日本的戰國迷，特地贈送這支結合「酒與歷史」雙重意義的「酒王秀吉」給我，不得不佩服他們對人物誌的掌握，以及送禮的細膩與貼心，確實值得我們好好學習。

我之所以對「酒王秀吉」印象深刻，其中還有一段小插曲。我們同仁在打包後送行李時，不慎打破金葫蘆瓷瓶，還隱瞞眞相，在輾轉託人買到新的一支後，才告訴我，哈哈哈！眞的非常喜歡這支金葫蘆造型的「酒王秀吉」，一直擺在家中壁櫥上，也特地拍照作為line的大頭貼。

國家圖書館出版品預行編目資料

扶桑悠游錄／顏帥著．　--初版．--臺中市：白象文化事業有限公司，2024．1
　面；　公分
ISBN 978-626-364-145-7（平裝）
1.CST: 旅遊文學 2.CST: 日本
731.9　　　　　　112016905

扶桑悠游錄

作　　者　顏帥
發 行 人　張輝潭
出版發行　白象文化事業有限公司
　　　　　412台中市大里區科技路1號8樓之2（台中軟體園區）
　　　　　出版專線：（04）2496-5995　傳真：（04）2496-9901
　　　　　401台中市東區和平街228巷44號（經銷部）
　　　　　購書專線：（04）2220-8589　傳真：（04）2220-8505
專案主編　陳婕婷
出版編印　林榮威、陳逸儒、黃麗穎、水邊、陳婕婷、李婕、林金郎
設計創意　張禮南、何佳諠
經紀企劃　張輝潭、徐錦淳、林尉儒
經銷推廣　李莉吟、莊博亞、劉育姍、林政泓
行銷宣傳　黃姿虹、沈若瑜
營運管理　曾千熏、羅禎琳
印　　刷　基盛印刷工場
初版一刷　2024年1月
定　　價　250元